Coleção Espírito Crítico

ESCRITOS SOBRE
MITO E LINGUAGEM

Coleção Espírito Crítico

Conselho editorial:
Alfredo Bosi
Antonio Candido
Augusto Massi
Davi Arrigucci Jr.
Flora Süssekind
Gilda de Mello e Souza
Roberto Schwarz

Walter Benjamin

ESCRITOS SOBRE MITO E LINGUAGEM
(1915-1921)

Organização, apresentação e notas
Jeanne Marie Gagnebin

Tradução
Susana Kampff Lages e Ernani Chaves

editora■34

Editora 34 Ltda.

Rua Hungria, 592 Jardim Europa CEP 01455-000

São Paulo - SP Brasil Tel/Fax (11) 3811-6777 www.editora34.com.br

Copyright © Editora 34 Ltda., 2011

Organização, apresentação e notas © Jeanne Marie Gagnebin, 2011

A fotocópia de qualquer folha deste livro é ilegal e configura uma apropriação indevida dos direitos intelectuais e patrimoniais do autor.

Capa, projeto gráfico e editoração eletrônica:
Bracher & Malta Produção Gráfica

Revisão:
Alberto Martins, Lucas Simone

1ª Edição - 2011, 2ª Edição - 2013 (2ª Reimpressão - 2021)

CIP - Brasil. Catalogação-na-Fonte
(Sindicato Nacional dos Editores de Livros, RJ, Brasil)

	Benjamin, Walter, 1892-1940
B468e	Escritos sobre mito e linguagem (1915-1921)/ Walter Benjamin; organização, apresentação e notas de Jeanne Marie Gagnebin; tradução de Susana Kampff Lages e Ernani Chaves. — São Paulo: Duas Cidades; Editora 34, 2013 (2ª Edição).
	176 p. (Coleção Espírito Crítico)
	ISBN 978-85-7326-474-6
	1. Filosofia alemã. 2. Literatura - História e crítica. I. Gagnebin, Jeanne Marie. II. Lages, Susana Kampff. III. Chaves, Ernani. IV. Título. V. Série.

CDD - 834

Índice

Apresentação, Jeanne Marie Gagnebin 7

1. Dois poemas de Friedrich Hölderlin 13
2. Sobre a linguagem em geral
   e sobre a linguagem do homem 49
3. *O idiota* de Dostoiévski 75
4. Sobre a pintura *ou* Signo e mancha 81
5. Destino e caráter 89
6. A tarefa do tradutor 101
7. Para a crítica da violência 121

Léxico remissivo 157
Sobre os textos 162
Obras consultadas 165
Sobre o autor 167

Apresentação

Os sete ensaios reunidos no presente volume, redigidos entre 1915 e 1921, pertencem à fase de juventude de Walter Benjamin (1892-1940) — fase em geral pouco conhecida no Brasil e caracterizada por uma linguagem bastante elíptica, que beira o esoterismo. O primeiro ensaio deste livro, por exemplo, "Dois poemas de Friedrich Hölderlin", escrito quando o autor tinha 23 anos e publicado somente após a sua morte, coloca radicalmente em questão nossos hábitos de escrita e leitura. Nele, Benjamin escreve para si, para seu amigo Gershom Scholem, pesquisador da Cabala (acostumado, portanto, a textos intrincados), e para Norbert von Hellingrath, grande comentador da obra tardia de Hölderlin, que morreria nas trincheiras da Primeira Guerra Mundial e nunca leria as linhas do jovem crítico. Daí decorre que a leitura de um texto como este exige um leitor paciente e atento, que abdique da expectativa de compreensão e "aplicabilidade" imediatas.

O interesse na publicação de tais escritos não se reduz ao de um mero recenseamento exaustivo da produção do autor. Embora textos fundamentais tenham sido publicados entre nós — como sua tese de doutorado, de 1919, e o grande ensaio sobre *As afinidades eletivas*, de Goethe, de 1922 —,[1] seus escritos

---

[1] Ver, respectivamente: *O conceito de crítica de arte no romantismo alemão*

de juventude permanecem, em sua maior parte, pouco estudados. Uma exceção nesse quadro são os dois textos que fecham este volume, os ensaios "A tarefa do tradutor" e "Para a crítica da violência", ambos de 1921. O primeiro foi determinante para a concepção dos irmãos Campos sobre tradução como "transcriação"; o segundo tornou-se referência a partir da interpretação de Jacques Derrida, em *Force de loi* (1993), e da discussão acerca do estado de exceção por Giorgio Agamben, em *Stato di eccezione* (2003), já publicados no Brasil.[2] Ganham aqui uma tradução e uma revisão cuidadosas que deveriam permitir um confronto mais direto, sem necessariamente fazer suas as hipóteses hermenêuticas de Haroldo de Campos, Derrida ou Agamben.

Os textos deste *Escritos sobre mito e linguagem*, quando observados de perto, revelam um ângulo surpreendente para boa parte da recepção da obra benjaminiana no Brasil. Esta tratou até o momento, predominantemente, de sua reflexão estética e historiográfica a partir de 1928, ano em que são publicados *Rua de mão única* e *Origem do drama barroco alemão*; em particular, de sua reflexão sobre as transformações da narração, da percepção na grande cidade moderna capitalista, enfim, sobre as mutações das práticas artísticas e da própria definição de arte a partir do

---

(tradução e apresentação de Márcio Seligmann-Silva, São Paulo, Fapesp/Iluminuras, 1993) e "*As afinidades eletivas de Goethe*", em *Ensaios reunidos: escritos sobre Goethe* (tradução de Mônica Krausz Bornebusch, Irene Aron e Sidney Camargo, supervisão e notas de Marcus Vinicius Mazzari, São Paulo, Duas Cidades/Editora 34, 2009).

[2] Ver Jacques Derrida, *Força de lei: o fundamento místico da autoridade* (tradução de Leyla-Perrone Moysés, São Paulo, WMF Martins Fontes, 2007), e Giorgio Agamben, *Estado de exceção* (tradução de Iraci D. Poleti, São Paulo, Boitempo, 2004).

nascimento da fotografia e do cinema. Os ensaios aqui reunidos mostram outra faceta do pensamento do autor, que pode ser dita, sem medo, profundamente metafísica. Pouco conhecida, e muitas vezes julgada supérflua ou tratada como um erro de juventude, essa dimensão metafísica — que faz com que se combinem fundamente em sua reflexão aspectos religiosos, teológicos, estéticos e políticos (combinação que perturbaria uma leitura, digamos, marcadamente "militante" de seus escritos) — atravessa todo seu pensamento e está presente ainda em seu último escrito, as teses "Sobre o conceito de história", de 1940.

Desse modo, a preocupação de Benjamin com a problemática do *mito*, tão evidente nestes escritos de juventude, parece ser justamente a outra vertente de sua preocupação com a *história* — preocupação que só tenderá a crescer, adotando feições mais nítidas e materialistas a partir do fim dos anos vinte. É preciso observar aqui que contrapor *mito* e *história* é um gesto pertinente mais à tradição judaica do que àquela da filosofia grega, na qual o *mythos* é geralmente oposto ao *logos*. Além disso, ainda na esteira da tradição judaica, Benjamin coloca, do mesmo lado, história e religião (porque a religião implica a resposta de um sujeito humano ao Sujeito supremo; portanto, a responsabilidade humana), em declarado antagonismo com o mito e a natureza, de outro (por onde se pode entender boa parte de sua crítica à estética clássica, ainda vinculada ao mito e à natureza, notadamente em Goethe). A crítica do mito não é apenas uma crítica de certo momento vivido pela humanidade, mas significa a crítica de uma concepção de vida e de destino que sempre ameaça, sob formas diversas, as tentativas humanas de agir histórica e livremente. Daí sua ressurgência num autor contemporâneo como Kafka, por exemplo. Eis uma convicção de Benjamin que atravessa também a obra fundamental de Adorno e Horkheimer, *Dialética do Esclarecimento*.

"Mito, história... e o *logos*, então?", perguntará qualquer estudante de primeiro ano de filosofia. Ora, na esteira de uma longa tradição filosófica, oriunda em Platão, Benjamin postula em conjunto a questão da razão e a da linguagem, citando com frequência as palavras de Hamann: "*Linguagem, a mãe* da razão e da *revelação*, seu alfa e ômega" — aqui no ensaio de 1916 "Sobre a linguagem em geral e sobre a linguagem do homem". Sem uma reflexão sobre *Sprache*, "língua" e "linguagem", como se lê nesse ensaio, não há possibilidade para Benjamin de pensar a razão e a racionalidade humanas. Isso implica, já nesses textos tão pouco "materialistas", que *razão* e *história* devem ser pensadas juntas, porque sua apreensão se faz através da linguagem e porque somente esta permite a invenção da história (humana) e de histórias (ficcionais ou não). Talvez o tema por excelência da filosofia e da crítica literária em Benjamin seja essa ligação entre história e linguagem. Não há, portanto, nenhuma formação de linguagem, obra literária ou filosófica, que não seja trespassada pela história, em particular, pela história de sua transmissão; como tampouco pode existir uma história humana verdadeira que não seja objeto de reelaboração e transformação pela linguagem. A problemática ao mesmo tempo crítico-hermenêutica e política do "historiador materialista" — como o designa Benjamin em "Sobre o conceito de história" — já se esboça nesses textos tão especulativos da juventude.

Diante da complexidade da tarefa de vertê-los ao português, a tradução optou, frequentemente, para não incorrer em interpretações descabidas, pela tradução literal, mantendo presente, na língua de chegada, a estranheza que também caracteriza o texto original. Optou ainda, quando se trata de termos-chave para o pensamento de Benjamin, por incluir, em notas de rodapé, esclarecimentos quanto às acepções do termo em alemão, procurando indicar a amplitude semântica visada pelo autor. Ao

Apresentação

final deste volume, o leitor encontrará um léxico remissivo (por meio do qual pode localizar os termos-chave e suas respectivas notas), uma lista das obras consultadas durante o trabalho de tradução e revisão, e também informações sobre a origem e as condições em que foi redigido cada ensaio.

Jeanne Marie Gagnebin

Dois poemas de Friedrich Hölderlin
("Coragem de poeta" e "Timidez")

A tarefa a que o presente estudo se propõe não se deixa enquadrar na estética da arte poética sem alguma explicação. Enquanto estética pura, essa ciência dedicou suas melhores forças à exploração de cada um dos gêneros da arte poética, entre eles, e principalmente, à tragédia. O comentário foi reservado quase que exclusivamente às grandes obras da época clássica e, quando se dirigiu a outras obras que não as do drama clássico, foi muito mais de caráter filológico do que estético. Aqui deve-se realizar um comentário estético sobre duas composições líricas, e essa tentativa requer algumas observações preliminares sobre o método. Busca-se, nestes poemas, expor a forma interna, aquilo que Goethe designava por teor [*Gehalt*].[3] Trata-se de estabele-

---

[3] O termo empregado pelo autor (*Gehalt*, "teor") foi tomado de empréstimo a Goethe e quer evitar a oposição estéril entre "conteúdo" (*Inhalt*) e "forma" (*Form*). Ele é determinante na reflexão estética de Walter Benjamin — particularmente no ensaio sobre o livro *Afinidades eletivas*, em que distingue *Sachgehalt* ("teor material", "teor de coisa") de *Wahrheitsgehalt* ("teor de verdade"). Na edição francesa do presente ensaio, Pierre Rusch indica a seguinte passagem de Goethe na *Weimarer Ausgabe* (vol. XIV, p. 287), gentilmente localizada por Marcus Mazzari: "*Streit zwischen Form und Formlosem. Vorzug dem formlosen Gehalt vor der leeren Form. Gehalt bringt die Form mit. Form ist nie ohne Gehalt*" ("Disputa entre for-

cer a tarefa poética como condição para uma avaliação do poema. A avaliação não pode se guiar pela forma como o poeta resolveu sua tarefa; ao contrário, é a seriedade e a grandeza da tarefa mesma a determinar a avaliação. Pois essa tarefa é derivada do próprio poema. Ela há de ser entendida também como condição da poesia, como a estrutura intelectual-intuitiva daquele mundo de que o poema dá testemunho. Essa tarefa, essa condição, deve ser entendida aqui como o fundamento último acessível a uma análise. Nada do processo de criação lírica, nada da pessoa nem da visão de mundo do autor será aqui investigado, mas sim a esfera particular e única na qual repousa a tarefa e a condição do poema. Essa esfera é, simultaneamente, produto e objeto do presente estudo. Ela mesma não pode mais ser comparada ao poema; mas é, por sua vez, a única coisa que pode ser constatada pela investigação. Essa esfera, que assume uma figura particular em cada poema, é designada como o "poetificado" [*das Gedichtete*].[4] Nela, deve ser franqueado aquele setor peculiar que contém a verdade da obra poética. Essa "verdade", que justamente os artistas mais sérios atribuem com tanta insistência a suas criações, deve ser entendida como a objetividade concreta

---

ma e sem forma. Privilégio do teor sem forma diante da forma vazia. O teor traz a forma consigo. Forma nunca é sem teor"). (N. da E.)

[4] No original, *das Gedichtete*, termo criado por Benjamin a partir da substantivação do particípio passado do verbo *dichten* (que deriva do latim *dictare*, "dizer com intensidade"), "escrever", "compor obra literária". Daí também *der Dichter* (o poeta, o escritor) e *die Dichtung* (poesia, composição literária). O conceito de *das Gedichtete*, central neste ensaio e traduzido por "poetificado", se distingue de *das Gedicht*, o "poema", e designa aquilo que está na origem do poema e, em certo sentido, preexiste a ele e nele se realiza. A tradução francesa optou por *noyau poétique*; o inglês, por *poetized*; o italiano, por *il poetato*. (N. da E.)

de sua criação, como o cumprimento da tarefa artística em cada obra específica. "Toda obra de arte tem um ideal *a priori*, uma necessidade de existir." (Novalis) Em sua forma universal, o "poetificado" é a unidade sintética de duas ordens, a intelectual e a intuitiva. Essa unidade recebe sua figura particular como forma interior de cada criação em particular.

O conceito do "poetificado" é um conceito-limite sob dois aspectos: em primeiro lugar, com relação ao conceito de poema. Enquanto categoria de investigação estética, o "poetificado" se distingue de modo decisivo do esquema forma-matéria por conservar em si a unidade estética fundamental de forma e matéria e, ao invés de separá-las, cunha sua ligação necessária, imanente. No que se segue, uma vez que se tratará do "poetificado" de poemas particulares, esse aspecto não poderá ser observado teoricamente, mas apenas em cada caso particular. Nem é este o lugar para uma crítica teórica dos conceitos de forma e matéria na significação estética em geral. Na unidade de forma e matéria, o "poetificado" compartilha, portanto, uma de suas características mais essenciais com o próprio poema. Ele mesmo é construído segundo a lei fundamental do organismo artístico. Ele se distingue do poema enquanto conceito-limite, enquanto conceito de sua tarefa, e não simplesmente por qualquer característica de princípio. Distingue-se tão só por sua maior determinabilidade: não por uma falta quantitativa de determinações, mas pela existência potencial daquelas determinações que estão presentes em ato no poema, e de outras ainda. O "poetificado" é uma distensão do estreito vínculo funcional que reina no próprio poema, uma distensão que só pode surgir quando se faz abstração de certas determinações; de modo que, através disso, torna-se visível a interpenetração, a unidade funcional entre os demais elementos. Pois o poema é condicionado de tal maneira pela existência, em ato, de todas as suas determinações, que ele só pode ser conce-

Escritos sobre mito e linguagem

bido de maneira unitária como tal. Mas a visão interna de sua função tem como pressuposto a multiplicidade das possibilidades de vínculo. Assim a visão interna da articulação do poema consiste em captar sua determinação cada vez mais rigorosa. Para levar ao mais alto grau de determinação, o "poetificado" deve abstrair certas determinações.

Por meio dessa relação com a unidade funcional do poema, que é a um tempo intuitiva e intelectual, o "poetificado" se revela como uma determinação-limite em relação ao poema. Mas ao mesmo tempo ele é um conceito-limite em relação a uma outra unidade funcional, uma vez que um conceito-limite só é possível como limite entre dois conceitos. Essa segunda unidade funcional é a ideia de tarefa, a que corresponde a ideia de solução, isto é, o poema. (Pois tarefa e solução só podem ser separadas *in abstracto*). Para o criador, essa ideia da tarefa é sempre a vida. Nela reside a outra unidade funcional extrema. O "poetificado" revela-se, pois, como passagem da unidade funcional da vida para a do poema. No "poetificado", a vida se determina através do poema; a tarefa, através da solução. Não é a atmosfera da vida individual do artista que está na base, mas sim um conjunto de relações vitais determinado pela arte. As categorias nas quais é possível apreender essa esfera, a esfera de passagem entre as duas unidades funcionais, ainda não foram prefiguradas, e talvez se apoiem em primeiro lugar sobre os conceitos de mito. São precisamente as realizações mais frágeis da arte aquelas que se referem ao sentimento imediato da vida, ao passo que as mais poderosas, de acordo com sua verdade, referem-se a uma esfera aparentada ao mítico: o "poetificado". A vida é, em geral, o "poetificado" dos poemas — assim se poderia dizer; no entanto, quanto mais diretamente o poeta procura converter a unidade da vida em unidade artística sem transformá-la, mais ele se revela inepto. Estamos acostumados a ver essa inépcia defendida, e mesmo reivindicada, como "sentimento imediato da vida", "calor humano", "sensibilidade". No exemplo significativo de Hölderlin fica claro como o "poetificado" oferece a possibilidade de julgar a poesia conforme o grau de coesão e grandeza de seus elementos. Essas duas características são inseparáveis. Pois quanto mais uma expansão frouxa do sentimento substitui a grandeza e a configuração internas dos elementos (que designamos aproximativamente de míticas), tanto menor se torna a coesão, tanto mais surge ou um amável produto natural sem arte ou um artefato malfeito, estranho à arte e à natureza. É a vida, como unidade última, que está na base do "poetificado". Quanto mais prematuramente, porém, a análise do poema — sem se deter na configuração da intuição e na construção de um mundo intelectual — conduz à própria vida como seu "poetificado", tanto mais a poesia se revela material (em sentido restrito), informe e insignificante. Em contrapartida, a análise das grandes obras poéticas irá encontrar certamente não o mito, mas sim uma unidade gerada pela violência dos elementos míticos que lutam entre si, a qual será a genuína expressão da vida.

Dessa natureza do "poetificado" como setor entre dois limites dá testemunho o método de sua exposição. A este não compete a comprovação dos chamados elementos últimos. Pois não há tais elementos no interior do "poetificado". Ao contrário, o que deve ser comprovado não é nada menos do que a intensidade do vínculo entre os elementos intuitivos e intelectuais, e isso, em primeiro lugar, em exemplos singulares. E justamente nessa comprovação tem de estar evidente que não importam os elementos, mas sim as relações, uma vez que o próprio "poetificado" é uma esfera da relação entre obra de arte e vida, cujas unidades em si mesmas não são inteiramente apreensíveis. Desse modo, o "poetificado" irá se mostrar como a condição do poema, como sua forma interna, como tarefa artística. A lei segundo a qual todos os elementos aparentes da sensibilidade e das ideias se mostram como conceitos intrínsecos às funções essenciais — em princípio, infinitas — é denominada lei de identidade. Designa-se assim a unidade sintética das funções. Em cada uma de suas figuras singulares, ela é reconhecida como um *a priori* do poema. Depois de tudo o que foi dito, a explicitação do "poetificado" puro, da tarefa absoluta, tem de permanecer uma meta no plano das ideias, puramente metodológica. Do contrário, o "poetificado" puro cessaria de ser um conceito-limite: seria vida ou poema. — Antes de se provar a aplicabilidade desse método à estética da poesia lírica em geral, e talvez a outros setores, não cabem maiores reflexões a respeito. Só então será possível distinguir claramente o que é o *a priori* de um poema singular, do poema em geral ou mesmo de outras formas poéticas, ou ainda da literatura em geral. Mas o que irá aparecer com maior clareza é que é possível fundamentar um julgamento sobre a poesia lírica, ainda que não seja possível comprová-lo.

Esse método será aplicado aqui ao estudo de dois poemas de Hölderlin, "Coragem de poeta" [*Dichtermut*] e "Timidez" [*Blödigkeit*],[5] que datam, respectivamente, do período de maturidade e do período tardio. Ele mostrará que esses poemas são

---

[5] O uso arcaizante que Hölderlin faz de várias palavras (como *Blödigkeit*, por exemplo, empregada no sentido antigo de "timidez") fora apontado pelo grande pesquisador e editor de suas obras, Norbert von Hellingrath, que também sugerira a comparação entre as duas versões desse poema — sugestão aqui retomada e desenvolvida por Benjamin. Este tinha o pesquisador em alta estima e contava em lhe submeter o presente texto, o que não ocorreu em razão de sua morte na Primeira Guerra Mundial. A interpretação de Hellingrath também embasa a interpretação benjaminiana, contrária à leitura da escola de Stefan George que na época transformava Hölderlin em figura de poeta sagrado da Nação alemã. (N. da E.)

comparáveis. Estão ligados por tal afinidade que se poderia falar de diferentes versões de uma mesma obra. A versão intermediária entre a mais antiga e a mais recente (a segunda versão de "Coragem de poeta") não será discutida, porque não acrescenta nada de essencial.[6]

---

[6] O original de Benjamin não reproduz os poemas analisados. Nesta edição, optou-se por apresentar os dois poemas na íntegra, acompanhados de traduções para o português, realizadas por Vicente de Arruda Sampaio. (N. da E.)

Escritos sobre mito e linguagem

DICHTERMUT

Sind denn dir nicht verwandt alle Lebendigen,
Nährt die Parze denn nicht selber im Dienste dich?
Drum, so wandle nur wehrlos
Fort durchs Leben, und fürchte nichts!

Was geschiehet, es sei alles gesegnet dir,
Sei zur Freude gewandt! oder was könnte denn
Dich beleidigen, Herz! was
Da begegnen, wohin du sollst?

Denn, seitdem der Gesang sterblichen Lippen sich
Friedenatmend entwand, frommend in Leid und Glück
Unsre Weise der Menschen
Herz erfreute, so waren auch

Wir, die Sänger des Volks, gerne bei Lebenden
Wo sich vieles gesellt, freudig und jedem hold,
Jedem offen; so ist ja
Unser Ahne, der Sonnengott,

Der den fröhlichen Tag Armen und Reichen gönnt,
Der in flüchtiger Zeit uns, die Vergänglichen,
Aufgerichtet an goldnen
Gängelbanden, wie Kinder, hält.

Ihn erwartet, auch ihn nimmt, wo die Stunde kömmt,
Seine purpurne Flut; sieh! und das edle Licht
Gehet, kundig des Wandels,
Gleichgesinnet hinab den Pfad.

So vergehe denn auch, wenn es die Zeit einst ist
Und dem Geiste sein Recht nirgend gebricht, so sterb'
Einst im Ernste des Lebens
Unsre Freude, doch schönen Tod!

Dois poemas de Friedrich Hölderlin

CORAGEM DE POETA

Então não te são aparentados todos os viventes,
Então não nutre a própria Parca, em serviço, a ti?
Portanto, anda assim, apenas inerme,
Adiante pela vida, e nada temas!

O que aconteça, seja tudo abençoado para ti,
Seja para a alegria voltado! Ou o que poderia então
Te ofender, coração!, o que
Lá encontrarias, aonde deves ir?

Pois, desde que o canto, de lábios mortais,
Respirando paz, se desvencilhou, auxiliando em dor e ventura,
Nossa canção, dos homens
O coração alegrou, assim éramos também

Nós, os cancioneiros do povo, de bom grado entre viventes,
Onde muitos se associam, alegres e a cada um graciosos,
A cada um abertos; assim é deveras
Nosso antepassado, o Deus Sol,

Que o alegre dia a pobres e ricos consente,
Que num tempo fugaz a nós, os que passam,
Eretos em douradas
Andadeiras, como crianças, sustém.

Espera-o, também o toma, quando a hora chega,
Sua purpúrea maré; vê! e a nobre luz
Vai, conhecedora da andança,
Concorde pela senda abaixo.

Passa tu assim também, quando uma vez for o tempo,
E ao espírito seu direito nenhures faltar, morra assim
Uma vez, na seriedade da vida,
Nossa alegria, porém, uma bela morte!

Escritos sobre mito e linguagem

BLÖDIGKEIT

Sind denn dir nicht bekannt viele Lebendigen?
Geht auf Wahrem dein Fuß nicht, wie auf Teppichen?
Drum, mein Genius! tritt nur
Bar ins Leben, und sorge nicht!

Was geschiehet, es sei alles gelegen dir!
Sei zur Freude gereimt, oder was könnte denn
Dich beleidigen, Herz, was
Da begegnen, wohin du sollst?

Denn, seit Himmlischen gleich Menschen, ein einsam Wild,
Und die Himmlischen selbst führet, der Einkehr zu,
Der Gesang und der Fürsten
Chor, nach Arten, so waren auch

Wir, die Zungen des Volks, gerne bei Lebenden,
Wo sich vieles gesellt, freudig und jedem gleich,
Jedem offen; so ist ja
Unser Vater, des Himmels Gott,

Der den denkenden Tag Armen und Reichen gönnt,
Der, zur Wende der Zeit, uns, die Entschlafenden,
Aufgerichtet an goldnen
Gängelbanden, wie Kinder, hält.

Gut auch sind und geschickt einem zu etwas wir,
Wenn wir kommen, mit Kunst, und von den Himmlischen
Einen bringen. Doch selber
Bringen schickliche Hände wir.

Dois poemas de Friedrich Hölderlin

TIMIDEZ

Então não te são conhecidos muitos dos viventes?
Não anda sobre o verdadeiro teu pé, como sobre tapetes?
Portanto, meu Gênio! Caminha somente
Nu vida adentro e não te preocupes!

O que aconteça, seja tudo oportuno para ti!
Sê para a alegria rimado, ou o que poderia então
Te ofender, coração, o que
Lá encontrarias, aonde deves ir?

Pois, desde que homens iguais a celestes, uma solitária caça,
E os próprios celestes são levados ao recolhimento
Pelo canto e coro dos príncipes,
Segundo as estirpes, assim éramos também

Nós, as línguas do povo, de bom grado entre viventes,
Onde muitos se associam, alegres e a cada um iguais,
A cada um abertos; assim é deveras
Nosso pai, o Deus do céu,

Que o pensante dia a pobres e ricos consente,
Que, na virada do tempo, a nós, os que adormecem,
Eretos, em douradas
Andadeiras, como crianças, sustém.

Bons também e destinados a alguém para algo somos nós,
Quando chegamos, com arte, e dos celestiais
Trazemos um. Porém,
Trazemos atinadas mãos nós mesmos.

Ao considerar a primeira versão vê-se que ela apresenta uma notável indeterminação do elemento intuitivo e uma falta de vínculo entre os elementos singulares. Assim, o mito do poema ainda se encontra penetrado pelo mitológico. O mitológico mostra-se mito apenas na medida de seu vínculo. O mito é reconhecível na unidade interna de Deus e destino. No reinar da ἀνάγκη.[7] Na primeira versão de seu poema, Hölderlin tem como objeto um destino: a morte do poeta. Ele canta as fontes da coragem para enfrentar essa morte. Essa morte é o centro a partir do qual deveria surgir o mundo do morrer poético. A existência naquele mundo seria a coragem do poeta. Aqui, porém, somente o pressentimento mais vigilante poderia sentir um raio dessa lei que emana de um mundo do poeta. Tímida ainda, eleva-se a voz que canta um cosmos para o qual a morte do poeta significa seu próprio declínio. Por sua vez, o mito se forma a partir da mitologia. O Deus Sol é o antepassado do poeta, e seu morrer é o destino no qual a morte do poeta, uma vez nele espelhada, torna-se real. Uma beleza, cuja fonte interior não conhecemos, dissolve a figura do poeta — e não menos a do Deus — ao invés de lhe dar forma. Insolitamente, a coragem do poeta funda-se ainda sobre uma outra ordem, uma ordem estranha. O parentesco entre os viventes. Por meio desse parentesco, o poeta se liga a seu destino. O que significa para a coragem poética o parentesco com o povo? Não há como sentir no poema o direito mais profundo a partir do qual o poeta se apoia em seu povo, os viventes, e os sente como aparentados. Sabemos que esse pensamento é um daqueles que mais confortam os poetas, sabemos que ele é particularmente caro a Hölderlin. No entanto, aquele

---

[7] Em grego, no original; *ananké*, força primordial à qual até os deuses se dobram, habitualmente traduzida como "necessidade". (N. da E.)

vínculo natural com todo o povo não pode, para nós aqui, servir de justificação para a condição da vida poética. Por que o poeta não celebra — e com maior direito — o *Odi profanum*?[8] Isso é o que se pode, o que se deve perguntar onde quer que os viventes não tenham ainda fundado uma ordem espiritual.[9] — É muitíssimo surpreendente que o poeta, lançando-se a ordens de mundo que lhe são estranhas, agarre com ambas as mãos povo e Deus, para edificar em si a sua própria coragem, a coragem dos poetas. Mas o canto, o interior do poeta, a fonte significativa de sua virtude, quando nomeado, aparece frágil, sem força nem grandeza. O poema vive no mundo grego, é animado por uma beleza próxima daquilo que é grego, e é dominado pela mitologia dos gregos. Mas o princípio específico da configuração grega não está desenvolvido em sua pureza:

Denn, seitdem der Gesang sterblichen Lippen sich
Friedenatmend entwand, frommend in Leid und Glück
Unsre Weise der Menschen
Herz erfreute [...]

Pois, desde que o canto, de lábios mortais,
Respirando paz, se desvencilhou, auxiliando em dor e ventura,
Nossa canção, dos homens
O coração alegrou [...]

---

[8] Conforme Maurice de Gandillac, Benjamin cita aqui Horácio, *Odes*, III, 1, 1: *Odi profanum vulgus* ("Eu odeio a multidão dos não iniciados"). (N. da E.)

[9] *Geistig*, no original. A tradução optou, nesta e em outras passagens, por "espiritual" para designar uma atividade da ordem do espírito, não necessariamente religiosa. A tradução, também correta, de "intelectual" é empregada em passagens em que, no texto, o termo se contrapõe à ordem do sensível, o que não é predominante aqui. (N. da E.)

Estas palavras contêm o temor sagrado diante da figura do poético de que Píndaro era pleno — e também o Hölderlin tardio —, só que com intensidade muito enfraquecida. Os "cantores do povo", "benfazejos" a cada um, também não servem, vistos assim, para dar ao poema um fundamento cósmico intuitivo. A figura do Deus Sol moribundo dá testemunho, da maneira mais clara, de uma dualidade não superada em todos os seus elementos. A natureza idílica ainda desempenha seu papel particular perante a figura do Deus. Dito de outra maneira: a beleza ainda não se tornou plenamente figura. E também a representação da morte não flui de um contexto puro, configurado. A própria morte ainda não é — como será entendida mais tarde — figura em sua mais profunda coesão; ela é extinção da essência plástica, heroica, na beleza indeterminada da natureza. O espaço e o tempo dessa morte ainda não surgiram, como unidade, no espírito da figura. A mesma indeterminação do princípio formador, que contrasta com tanta força com o helenismo evocado, ameaça todo o poema. A beleza, que liga, quase por consonância, a bela aparência do canto à serena alegria do Deus, e essa singularização do Deus, cujo destino mitológico traz, para o poeta, apenas um significado analógico, não surgem do centro de um mundo configurado cuja lei mítica seria a morte. Ao contrário, é um mundo fragilmente articulado que desfalece em beleza. A relação dos Deuses e dos homens com o mundo poético, com a unidade espaçotemporal em que vivem, não está configurada de modo intensivo, tampouco de modo puramente grego. É preciso reconhecer por inteiro que o sentimento da vida, de uma vida difusa e indeterminada, é o sentimento fundamental, de modo algum livre de convenções, dessa poesia; reconhecer, portanto, que dele provém a atmosfera consonante que vincula seus membros isolados na beleza. A vida como fato fundamental indubitável — amável talvez, talvez sublime — ainda

Dois poemas de Friedrich Hölderlin

determina (também encobrindo pensamentos) este mundo de Hölderlin. Disso também dá testemunho, de maneira esquisita, a forma linguística do título [*Dichtermut*], já que uma peculiar falta de clareza caracteriza aquela virtude [*Mut*, coragem], à qual é acrescentado o nome de seu portador [*Dichter*, poeta], apontando-nos assim para uma turbidez de sua pureza ocasionada pela excessiva proximidade da vida com essa virtude. (Comparar com a forma linguística: *Weibertreue*, fidelidade de mulher.) Um som quase estrangeiro, o final do poema incide com gravidade na cadeia das imagens. "*Und dem Geiste sein Recht nirgend gebricht*", "E nenhures falte ao Espírito seu direito"; essa exortação poderosa, originada da coragem, encontra-se aqui isolada, só a alcança a grandeza de uma imagem vinda de uma estrofe anterior: "*uns* [...]/ *Aufgerichtet an goldnen/ Gängelbanden, wie Kinder, hält*", "a nós [...]/ Eretos em douradas/ Andadeiras, como crianças, sustém". A vinculação de Deus com os homens é introduzida à força, em ritmos rígidos, numa grande imagem. Mas, em seu isolamento, esta imagem é incapaz de indicar o fundamento daquelas potências vinculadas, e se perde. Só a violência da transformação irá torná-la nítida e apta a declarar: a lei poética ainda não se cumpriu para esse mundo hölderliniano.

O que significa a coesão íntima desse mundo poético, apenas sugerida na primeira versão; de que modo seu aprofundamento condiciona uma reviravolta da estrutura; e como a configuração do centro impõe necessariamente sua forma a cada verso — isto é o que a última versão mostra. Uma representação pouco aguçada da vida, um conceito de vida não mítico e desprovido de destino que provém de uma esfera espiritualmente estreita — isso é o que foi apurado como condição vinculante do primeiro esboço. Onde anteriormente havia isolamento da figura, falta de relação entre os acontecimentos, entra agora a ordem intuitivo-intelectual, o novo cosmos do poeta. Difícil é obter uma possibilidade de acesso a esse mundo inteiramente unitário e único. A impenetrabilidade das relações se opõe a toda forma de apreensão que não a de caráter sensível. O método exige que se parta, desde o início, daquilo que está vinculado, para que se conquiste uma visão interna de sua articulação. A partir da configuração do conjunto, há de se comparar a construção poética de ambas as versões para avançar lentamente em direção ao centro das vinculações. Já foi anteriormente constatada a natureza indeterminada do vínculo de pertencimento entre povo e Deus (e também entre este e o poeta). A ela se contrapõe, no último poema, o violento pertencimento que há entre as esferas particulares. Os deuses e os viventes estão vinculados entre si no destino do poeta por elos de aço. Superada está a tradicional e simples primazia da ordem mitológica. Diz-se, do canto, que conduz os homens "ao recolhimento" ["*der Einkehr zu*"], que ele os conduz como "aos seres celestiais" — e que conduz os próprios seres celestiais. Superado está o próprio fundamento da comparação, pois a continuação do poema diz: o canto conduz também os seres celestiais, da mesma maneira como conduz os homens. A ordem dos deuses e a ordem dos homens encontram-se aqui — no centro do poema — estranhamente contrapostas, uma equilibrada pela outra. (Como dois pratos de uma balança: estão em posições opostas, mas suspensos na mesma trave.) Com isso, emerge de modo muito claro e perceptível a lei formal fundamental do "poetificado", a origem daquela ordem de lei cujo cumprimento constitui a base para a última versão. Essa lei de identidade declara que, no interior do poema, todas as unidades aparecem já numa intensa interpenetração, que os elementos jamais podem ser captados em estado puro; mas sim apenas o entrelaçamento de relações no qual a identidade de cada ser singular é função de uma cadeia infinita de séries, através das quais o "poetificado" se desdobra. A lei segundo a qual todas as essências se revelam, no "poetificado", como uma unidade de funções que são em princípio infinitas — tal é a lei de identidade. Nenhum elemento pode ser destacado, livre de relações, da intensidade daquela ordem cósmica que é sentida no fundo. Em todas as articulações singulares, na forma interna das estrofes e das imagens, mostra-se o cumprimento desta lei, de modo que, finalmente, no centro de todas as relações poéticas, se dê o seguinte efeito: a identidade das formas intuitivas e intelectuais entre si e umas com as outras — a interpenetração espaçotemporal de todas as figuras em uma quintessência espiritual que as condensa, isto é, o "poetificado" que é idêntico à vida. — Aqui, entretanto, apenas a figura presente dessa ordem deve ser nomeada: o equilíbrio — muito distante do mitológico — entre a esfera dos viventes e a dos celestiais (assim Hölderlin os denomina na maioria das vezes). E após a menção aos celestiais, depois mesmo de o canto ter sido nomeado, ergue-se novamente o "coro dos príncipes,/ segundo as estirpes" [*"Der Fürsten/ Chor, nach Arten"*]. De maneira que aqui, quase no centro do poema, homens, celestiais e príncipes — precipitando-se de suas antigas ordens, por assim dizer — aparecem alinhados um ao lado do outro. Mas que aquela ordem mitológica não seja decisiva, que todo um outro cânone de figuras atravesse esse poema, isso é observado com máxima clareza pela tripartição segundo a qual os príncipes ainda ocupam seu lugar ao lado dos celestiais e dos homens. Essa nova ordem das figuras poéticas — dos deuses e dos viventes — repousa na significação que ambos têm para o destino do poeta, bem como para a ordem sensível de seu mundo. Precisamente, a origem verdadeira desse universo tal como Hölderlin a entendia, só no fim poderá aparecer como aquilo que sustenta todas as relações; e o que se pode ver antes disso é somente a diversidade das dimensões deste mundo e deste destino, uma diversidade que mundo e destino assumem com respeito a deuses e viventes, a saber: a vida plena desses mundos de figuras — outrora tão separados — no cosmos poético. Mas eis que agora a lei, que, em termos formais e gerais, parecia ser a condição para a construção desse mundo poético, começa a se desdobrar, estranha e poderosa. — Todas as figuras adquirem identidade no contexto do destino poético, no qual todas são simultaneamente abolidas e conservadas numa intuição e, por mais soberanas que pareçam, finalmente recaem sob a legítima dignidade do canto. A definição e a intensificação crescente das figuras pode ser reconhecida de maneira mais aguda nas modificações feitas na última versão. A concentração da força poética ganha espaço a cada passagem; e um confronto rigoroso entre as duas versões mostrará como cada variante, por menor que seja, tem sua razão de ser no fundo unitário do poema. Assim se revela obrigatoriamente aquilo que importa no tocante à intenção interior, mesmo lá onde a primeira versão só a seguia de maneira tênue. A vida no canto, no imutável destino poético que é a lei do mundo hölderliniano, é isso que perseguimos na correlação das figuras.

Em ordenações muito distintas, deuses e mortais atravessam o poema segundo ritmos opostos. Isso fica evidente no movimento de afastamento da estrofe central e de retorno a ela. Uma sequência extremamente ordenada, ainda que oculta, de dimensões é percorrida. Nesse mundo de Hölderlin, os viventes são, a cada vez, de maneira muito clara, a *extensão* do espaço, o plano desdobrado no qual (como ainda se verá) se estende o destino. Com majestade — ou com uma amplidão que evoca algo de oriental —, inicia-se o chamado: "Então não te são conhecidos muitos dos viventes?" [*"Sind denn dir nicht bekannt viele Lebendigen?"*]. Que função tem o verso inicial na primeira versão? O parentesco do poeta com todos os viventes fora invocado como fonte de coragem. Mas nada restou além de um ser-

Dois poemas de Friedrich Hölderlin

conhecido, um conhecer de muitos. A questão relativa à origem da determinação da multidão pelo gênio, por quem ela é "conhecida", conduz às correlações presentes nos versos seguintes. Muito, muitíssimo, é dito a respeito do cosmos hölderliniano nas palavras que se seguem e que — soando outra vez estranhas, como se viessem de um mundo oriental, e no entanto muito mais originárias do que a parca grega — conferem majestade ao poeta. "Não anda sobre o verdadeiro teu pé, como sobre tapetes?" [*"Geht auf Wahrem dein Fuss nicht, wie auf Teppichen?"*] A transformação da abertura do poema, com sua significação para a natureza da coragem, prossegue. O amparo na mitologia dá lugar à construção de um mito[10] próprio. Pois seria permanecer na superfície ver aqui apenas a conversão de uma visão mitológica em uma visão sóbria do caminhar; ou apenas constatar que a dependência, presente na versão primitiva ("Então não nutre a própria Parca, em serviço, a ti?" [*"Nährt die Parze denn nicht selber im Dienste dich?"*]), se transforma, na segunda versão, num ato de posicionamento ("Não anda sobre o verdadeiro teu pé [...]?" [*"Geht auf Wahrem dein Fuss nicht...?"*]). — De modo análogo, a palavra "aparentado" [*verwandt*], da primeira versão, foi elevada ao plano superior da palavra "conhecido" [*bekannt*]: uma relação de dependência tornou-se atividade. — No entanto, o decisivo aqui é que essa atividade é por sua vez ela mesma convertida no mítico, a partir do qual, no poema anterior, fluíra a dependência. E o que funda o caráter mítico dessa atividade é, porém, o fato de ela própria transcorrer conforme o destino, o fato de que ela compreende em si mesma a consumação

---

[10] Vale lembrar que *mythos* tem, na *Poética* de Aristóteles, o sentido de "enredo", "trama". É provável que Benjamin esteja aludindo também a esta significação. (N. da E.)

deste destino. A maneira como toda atividade do poeta atinge ordenações determinadas pelo destino, e é assim eternamente conservada nessas ordenações ao mesmo tempo em que as abole, disso dá testemunho a existência do povo, sua proximidade com o poeta. Seu conhecimento dos viventes e a existência destes repousa nessa ordem que, de acordo com o sentido do poema, deve ser denominada a verdade da situação.[11] A possibilidade do segundo verso, com a tensão inaudita de sua imagem, pressupõe necessariamente a verdade da situação como conceito ordenador do mundo hölderliniano. A ordem espacial e a ordem espiritual mostram-se ligadas por uma identidade entre aquilo que determina e aquilo que é determinado, uma identidade comum a ambas as ordens. Nelas, essa identidade não é igual, mas idêntica, e através dela elas se interpenetram até a identidade. Pois o decisivo para o princípio espacial é: que ele realiza na intuição sensível a identidade do determinante com o determinado. A situação é a expressão dessa unidade; o espaço deve ser concebido como identidade entre situação [*Lage*] e situado [*Gelegne*]. A tudo o que determina no espaço é imanente sua própria determinação. Toda situação só é determinada no espaço, e só nele é determinante. Ora, assim como na imagem do tapete (já que uma superfície plana é estendida para um sistema intelectual) deve ser lembrada a regularidade de seu motivo, e, no pensamento, a arbitrariedade intelectual do ornamento — de modo a constituir este uma verdadeira determinação da situação,

---

[11] A partir deste momento, o autor inicia uma série de aproximações entre os termos *Lage*: "situação", "posição no espaço"; *das Gelegene* (*Gelegne*): "situado", mas também "oportuno"; e *die Gelegenheit*: "ocasião", "oportunidade", aquilo que "está à disposição". Os três termos derivam dos verbos *liegen*: "deitar", "estar (deitado)", e *legen*: "deitar", "colocar deitado". (N. da E.)

tornando-a absoluta —, do mesmo modo a intensa atividade do caminhar pertence à ordem da verdade passível de ser percorrida enquanto forma interior plasticamente temporal. Passível de ser percorrido é esse setor intelectual, que mantém o caminhante, a cada passo arbitrário que dá, necessariamente no domínio do verdadeiro. Essas ordens intelecto-sensíveis constituem, em sua quintessência, os viventes, nos quais todos os elementos do destino poético são dispostos numa forma interna e particular. A existência temporal na extensão infinita, a verdade da situação, liga os viventes ao poeta. No mesmo sentido, a ligação entre os elementos na relação entre povo e poeta se mostra ainda na última estrofe. "Bons também e destinados a alguém para algo somos nós" [*"Gut auch sind und geschickt einem zu etwas wir"*]. Segundo uma lei (talvez geral) da poesia lírica, as palavras no poema alcançam seu sentido sensível sem com isso sacrificar seu sentido figurado. Assim, no duplo sentido da palavra *"geschickt"* cruzam-se duas ordens.[12] O poeta aparece entre os viventes determinando e determinado. Da mesma forma como no particípio *geschickt* ["enviado", "destinado"] uma determinação temporal consuma a ordem espacial no acontecer, a aptidão, repete-se novamente essa identidade entre as ordens na determinação teleológica: "a alguém para algo" [*"einem zu etwas wir"*]. Como se, através da ordem da arte, o ato de vivificação devesse se tornar duplamente explícito, todo o resto permanece incerto e a indi-

---

[12] O termo empregado por Hölderlin, *geschickt*, significa, como adjetivo, "apto", "hábil", "capaz", e, como particípio passado de *schicken* ("enviar"), "enviado" no sentido de "destinado". A partir deste momento, Benjamin inicia um jogo de correspondências entre *geschickt*: "apto", "enviado", "destinado"; *Schicksal*: "destino"; *schicklich* (que aparece no último verso de "Timidez"): "conveniente", "adequado", "atinado". (N. da E.)

Escritos sobre mito e linguagem

vidualização no interior da grande extensão é sugerida no "a alguém para algo". Mas é surpreendente ver como, nessa passagem em que o povo é designado da maneira mais abstrata, eleva-se do interior desses versos quase que uma nova forma de vida, na sua materialidade mais concreta. Da mesma forma como o "atinado" [*das Schickliche*] irá se revelar como essência íntima do poeta enquanto sua fronteira com a existência, o que aparece aqui diante dos viventes como o "destinado" [das *Geschickte*], é o seguinte: que a identidade se origina numa forma que inclui determinante e determinado, centro e extensão. A atividade do poeta se encontra determinada pelo contato com os viventes, porém são os viventes que são determinados em sua existência concreta — "a alguém para algo" ["*einem zu etwas*"] — no contato com a essência do poeta. É como signo e escrita da extensão infinita de seu destino que o povo existe. Veremos mais adiante que esse destino mesmo é o canto. É assim que, na qualidade de símbolo do canto, ao povo caberá realizar o cosmos de Hölderlin. É o que atesta igualmente a transformação dos "poetas do povo" ["*Dichtern des Volks*"] em "línguas do povo" ["*Zungen des Volks*"]. A condição prévia dessa poesia é a de transformar sempre mais em membros de uma ordem mítica figuras derivadas de uma "vida" neutra. Nessa formulação, poeta e povo são integrados com igual força a essa ordem mítica. Particularmente perceptível nessas palavras torna-se a renúncia do gênio em sua soberania. Pois o poeta — e com ele o povo — encontra-se completamente transportado para o círculo do canto, e a conclusão é de novo uma unidade plana do povo com seu cantor (no destino poético). E eis que aparece — será lícito compará-lo aos mosaicos bizantinos? — o povo, despersonalizado, como que chapado na superfície ao redor da figura grande e plana de seu poeta sagrado. Esse povo é um outro povo, de uma essência melhor definida que a do povo da primeira versão. A ele corresponde uma outra concepção de vida: "Portanto, meu Gênio! Caminha somente/ Nu vida adentro e não te preocupes!" ["*Drum, mein Genius! tritt nur/ Bar ins Leben und sorge nicht!*"]. Aqui a "vida" se situa fora da existência poética; nessa nova versão, ela não é pressuposto, mas objeto de um movimento realizado com poderosa liberdade: o poeta *entra dentro da* vida, ele não *parte de dentro* dela. A inserção do povo naquela concepção de vida da primeira versão converteu-se numa ligação do destino estabelecida entre os viventes e o poeta: "O que aconteça, seja tudo oportuno para ti!" ["*Was geschiehet, es sei alles gelegen dir!*"]. A versão anterior continha aqui um *gesegnet* ["abençoado"]. Em toda parte há o mesmo processo de transporte do elemento mitológico que constitui a forma interna da reelaboração. A palavra *gesegnet*, "abençoado", remete a uma representação que está na dependência de algo transcendente, que é tradicionalmente o mitológico, e que não é compreendida a partir do centro do poema (do Gênio, por exemplo). A palavra "oportuno" [*gelegen*] retoma aquele centro por inteiro, ela significa uma relação do Gênio consigo mesmo, onde o "seja" [*sei*] retórico dessa estrofe é abolido pela presença daquela "oportunidade" [*Gelegenheit*]. A extensão espacial é dada novamente e no mesmo sentido de antes. Novamente trata-se das leis do mundo bom, onde a situação é ao mesmo tempo aquilo que é situado pelo poeta, e o verdadeiro, um caminho a ser por ele percorrido. Certa vez, Hölderlin iniciou assim um poema: "Alegra-te! Tiraste a boa sorte!" ["*Sei froh! Du hast das gute Los erkoren*"].[13] Para o escolhido existe somente *aquela* sorte, a boa. Os viventes são o objeto dessa rela-

---

[13] Trata-se do poema "*An Landauer*", "Para Landauer", escrito no final de 1800. (N. da E.)

ção de identidade entre poeta e destino. A construção "Sê para a alegria rimado" ["*Sei zur Freude gereimt*"][14] coloca como fundamento a ordem sensível do som. E também aqui, na rima, a identidade entre elemento determinante e elemento determinado é dada, do mesmo modo como, por exemplo, a estrutura da unidade aparece como semidualidade. Não de modo substancial, mas de modo funcional, a identidade é dada como lei. As palavras da rima não são nomeadas elas mesmas. Pois evidentemente "rimado para a alegria" ["*zur Freude gereimt*"] significa tão pouco rimar *com* alegria quanto "te seja oportuno" ["*wie gelegen dir*"] faz daquele mesmo "tu" uma realidade espacial, situada. Da mesma maneira como o oportuno [*das Gelegene*] foi reconhecido como uma relação do Gênio (e não uma relação *ao* Gênio), a rima é uma relação da alegria (e não *à* alegria). Pelo contrário, aquela dissonância imagética à qual faz eco uma dissonância sonora muito insistente, tem a função de tornar sensível, audível, a temporalidade espiritual inerente à alegria, dentro da cadeia de um acontecer estendido ao infinito, o que corresponde às possibilidades infinitas da rima. A dissonância na imagem do verdadeiro e do tapete havia evocado a possibilidade do percurso como relação unificadora das duas ordens, assim como a "oportunidade" [*die Gelegenheit*] significava a identidade espiritual-temporal (a verdade) da situação [*Lage*]. Na articulação poética essas dissonâncias ressaltam a identidade temporal inerente a toda relação espacial e, com isso, a natureza absolutamente determinante da existência espiritual no interior da extensão idêntica. Portadores dessa relação são, clara e preponderantemente, os viventes. Uma via e um alvo atinado [*schicklich*] deve agora se

---

[14] Hölderlin utiliza nesse verso o particípio passado *gereimt*, do verbo *reimen*, "rimar", "afinar". (N. da E.)

Dois poemas de Friedrich Hölderlin

tornar visível, em conformidade com os extremos no uso das imagens, de maneira diferente daquela conforme ao sentimento idílico do mundo que, num período anterior, precedera estes versos: "Ou o que poderia então/ Te ofender, coração!, o que/ Lá encontrarias, aonde deves ir?" [*"oder was könnte denn/ Dich beleidigen, Herz!, was/ Da begegnen, wohin du sollst?"*]. Neste ponto, para que se possa perceber a violência crescente com que a estrofe se encaminha para o final, deve-se comparar a pontuação das duas versões. Só agora passa a ser totalmente compreensível como na estrofe seguinte os mortais, com a mesma importância que os celestiais, são aproximados do canto, pois tornaram-se plenos do destino poético. Para que seja compreendida em sua força e acuidade, toda essa passagem deve ser comparada à relevância da figura que Hölderlin conferiu ao povo na versão original. O povo então alegrava-se com o canto, o povo era aparentado ao poeta, e podia-se falar de poetas do povo. Somente aí a violência mais rigorosa de uma imagem do mundo poderia já ser pressentida — uma imagem que encontrou o que anteriormente era buscado apenas de longe: a significação carregada de destino do povo numa intuição que o converte em função sensível--intelectual da vida poética.

Essas relações, que, especialmente no que concerne à função do tempo, permaneciam ainda obscuras, ganham nova nitidez quando se persegue sua transformação peculiar na figura dos deuses. Por meio da figura interna que lhes cabe na nova construção do mundo, a essência do povo — por contraste — se encontra determinada com maior precisão. Assim como a primeira versão não conhece uma significação dos viventes — cuja forma interna é sua existência incluída no destino poético, determinada e determinante, verdadeira no espaço —, tampouco pode-se reconhecer nela uma ordem particular dos deuses. Mas a nova versão é atravessada por um movimento que segue um rumo plástico-intensivo, o qual vive com maior força nos deuses. (Ao lado de outro rumo que, espacial e representado no povo, segue em direção a um acontecer infinito.) São os deuses que se tornaram figuras extremamente particulares e determinadas, nas quais a lei da identidade é apreendida de modo inteiramente novo. A identidade do mundo divino e sua relação com o destino do poeta é diferente da identidade na ordem dos viventes. Nesta, um acontecer determinado era reconhecido, por meio do poeta e para ele, como brotando de uma única e mesma fonte. O poeta vivia o verdadeiro. Dessa maneira o povo era conhecido por ele. Na ordem divina, entretanto, existe, como se verá, uma identidade interna peculiar da figura. Essa identidade já se encontrava sugerida na imagem do espaço e, por exemplo, na determinação da superfície pelo ornamento. Porém alçada a instância dominante de uma ordem, ela provoca uma objetivação do vivente. Surge uma peculiar duplicação da figura (que a relaciona com determinações espaciais), encontrando cada qual em si mesma sua própria concentração, portando em si mesma uma plasticidade puramente imanente como expressão de sua existência no tempo. No rumo dessa concentração, os objetos aspiram à existência como pura ideia e determinam o destino do poeta *no* puro mundo das figuras. A plasticidade da figura se revela como elemento espiritual. Assim o dia "alegre" [*fröhlich*] tornou-se o dia "pensativo" [*denkend*]. O dia não é caracterizado por um adjetivo que o qualifica; a ele é atribuído um dom que é precisamente a condição da identidade espiritual da essência: o pensamento. Nessa nova versão, o dia aparece em sua mais alta figura, em repouso, em acordo consigo mesmo dentro da consciência, como figura da plasticidade interior da existência, e à qual corresponde a identidade de todo acontecer na ordem dos viventes. Do ponto de vista dos deuses, o dia aparece como a quintessência figurada do tempo. E adquire um sentido muito mais profundo — um sentido, pode-se dizer, de algo que persiste — porque agora é o deus que o concede. Essa representação, a de que o dia é concedido, deve ser rigorosamente distinguida daquela da mitologia tradicional, segundo a qual o dia é dado de presente pelos deuses. Pois aqui já é sugerido o que irá se mostrar mais tarde com maior violência: que a ideia conduz à objetivação da figura e que os deuses estão inteiramente entregues à sua própria plasticidade, que eles só podem conceder o dia de bom ou de mau grado, pois são eles os que estão mais próximos da figura da ideia. Cabe assinalar aqui novamente o intensificar da intenção de maneira puramente sonora, por meio da aliteração. A beleza significativa com a qual o dia é elevado a princípio plástico e ao mesmo tempo contemplativo se encontra intensificada outra vez no início do poema "Quíron": "Onde estás, pensativa! Que deves sempre/ De tempos em tempos pôr-se de lado, onde estás, Luz?" ["*Wo bist du, Nachdenkliches! Das immer muss/ Zur Seite gehn zu Zeiten, wo bist du, Licht?*"].[15] A mesma intuição transformou o segundo verso da quinta estrofe muito profundamente e o apurou ao extremo em comparação com a passagem correspondente na versão anterior. Em completa oposição ao "tempo fugaz", aos homens "que passam", na nova versão desses versos foi desenvolvido aquilo que persiste — a duração na figura do tempo e dos homens. A expressão "virada do tempo" [*Wende der Zeit*] manifestamente ainda apreende o momento da persistência, precisamente o momento de plasticidade interna no tempo. Mas só mais tarde ficará inteiramente claro que esse momento de plasticidade temporal interna é central,

---

[15] O poema pode ser lido na íntegra, em edição bilíngue, na tradução de Paulo Quintela, em *Hölderlin: poemas*, Coimbra, Atlântida, 1959, pp. 161-5. (N. da E.)

Escritos sobre mito e linguagem

como central é a significação dos outros fenômenos abordados até agora. A mesma força expressiva possui "a nós, os que adormecem" ["*uns, die Entschlafenden*"]. Novamente é dada a expressão da mais profunda identidade da figura (no sono). Cabe relembrar aqui as palavras de Heráclito: Na vigília vemos sem dúvida a morte, mas no sono o sono.[16] Trata-se dessa estrutura plástica do pensamento em sua intensidade, para a qual a consciência mergulhada na contemplação constitui o último fundamento. A mesma relação de identidade que aqui conduz, em um sentido intensivo, à plasticidade temporal da figura, deve conduzir em um sentido extensivo a uma forma infinita de figura — a uma plasticidade encerrada por assim dizer num esquife, na qual a figura se torna idêntica ao que não tem figura. Ao mesmo tempo, a objetivação da figura na ideia significa seu expandir cada vez mais ilimitado e infinito, a reunião das figuras na figura *per se* em que se convertem os deuses. Por esta é dado o objeto em relação ao qual o destino poético se delimita a si mesmo. Os deuses significam para o poeta a incomensurável configuração de seu destino, assim como os viventes asseguram que mesmo a mais vasta extensão do acontecer permanece no âmbito do destino poético. Essa determinação do destino por meio da configuração constitui a objetividade concreta do cosmos poético. Entretanto ela significa ao mesmo tempo o puro mundo da plasticidade temporal dentro da consciência; a ideia torna-se aí dominadora; onde antes o verdadeiro estava incluído na atividade do poeta, agora ele surge dominador em sua plenitude sensí-

---

[16] Benjamin cita, de maneira incompleta, o fragmento número 21 de Heráclito. Em tradução de José Cavalcante de Souza (*Os Pré-Socráticos*, Coleção Os Pensadores, São Paulo, Abril, 1978, p. 81): "Morte é tudo que vemos despertos, e tudo que vemos dormindo é sono". (N. da E.)

vel. No processo de formar essa imagem do mundo, todo recurso a uma mitologia convencional vai sendo eliminado de forma cada vez mais rigorosa. Em lugar do longínquo "ancestral", aparece o "pai", o deus do sol é transformado em um deus do céu. A significação plástica, isto é, arquitetônica, do céu é infinitamente maior do que a do sol. Mas ao mesmo tempo vê-se aqui nitidamente como o poeta abole progressivamente a diferença entre figura e sem figura; e, em comparação com o sol, o céu significa tanto uma expansão quanto, simultaneamente, uma diminuição da figura. A força dessa relação ilumina as palavras seguintes: "Eretos em douradas/ Andadeiras, como crianças, sustém" ["*Aufgerichtet an goldnen/ Gängelbanden, wie Kinder, hält*"]. De novo a rigidez e a inacessibilidade da imagem necessariamente evoca uma ótica oriental. Como em meio ao espaço não figurado é dada a ligação plástica com o deus — cuja intensidade é ressaltada pela cor, a única que a nova versão contém —, esses versos atuam da maneira mais bizarra, estranhos e quase letais. O elemento arquitetônico é tão forte que corresponde à relação dada na imagem do céu. As figuras do mundo poético são infinitas e no entanto, ao mesmo tempo, limitantes; de acordo com a lei interna, é preciso que a figura se cancele e se conserve na existência do canto e simultaneamente o penetre, como as forças móveis dos viventes. O deus também deve finalmente colocar-se a serviço do canto e cumprir sua lei, assim como o povo devia ser o signo de sua extensão. É o que acontece no final do poema: "e dos celestiais/ Trazemos um" ["*und von den Himmlischen/ Einen bringen*"]. A configuração, o princípio plástico interno intensificou-se a tal ponto que a sina da forma morta desabou sobre o deus, de modo que — para falar em imagem — a plasticidade verteu-se de dentro para fora, e agora o deus se tornou completamente objeto. A forma temporal irrompeu de dentro para fora como algo posto em movimento. O ser celestial *é trazido*. Aqui se tem uma expressão extrema de identidade: o deus grego foi inteiramente entregue a seu próprio princípio, à figura. O maior sacrilégio está indicado: a *hybris* que, plenamente acessível apenas ao deus, o transforma em figura morta. Dar figura a si mesmo, isso se chama *hybris*. O deus deixa de determinar o cosmos do canto, cuja essência, ao contrário, elege para si livremente — com arte — aquilo que é objeto: ele, o canto, é que traz o deus, pois os deuses já se tornaram o ser concretizado do mundo no pensamento. Neste ponto, a admirável articulação da última estrofe, na qual se resume a meta imanente de toda a configuração deste poema, já pode ser reconhecida. A expansão espacial dos viventes determina-se pela intervenção do poeta na interioridade temporal do poema: assim se esclareceu a palavra *"geschickt"* — no mesmo processo de singularização pelo qual o povo converteu-se numa série de funções do destino. "Bons também e destinados a alguém para algo somos nós" — quando o deus torna-se objeto em sua infinitude morta, o poeta dele se apossa. A ordem de povo e deus, dissolvidos em unidades distintas, aqui se torna unidade no destino poético. Manifesta-se a identidade múltipla, na qual povo e deus encontram-se superados como as condições de existência sensível. A um outro cabe ocupar o centro deste mundo.

A interpenetração das várias formas singulares da intuição, sua ligação no e com o espiritual, como ideia, destino etc., já foi suficientemente perseguida em detalhes. Não se trata por fim de procurar elementos últimos, pois a lei última deste mundo é precisamente a ligação: como a unidade da função daquilo que liga e daquilo que é ligado. Mas é preciso ainda assinalar um lugar especialmente central dessa ligação, o lugar no qual o "poetificado" avançou até seu limite extremo com relação à vida, no qual a energia da forma interna se mostra tanto mais poderosa quanto mais impetuosa e informe for a vida significada. Nesse lugar a unidade do "poetificado" torna-se visível; abarca-se com o olhar toda a extensão das ligações, e a transformação entre as duas versões do poema, o aprofundamento da primeira na segunda, é reconhecida. — Não se pode falar de uma unidade do "poetificado" na primeira versão. Nesse caso, o percurso é interrompido pela analogia detalhada entre o poeta e o deus sol, e depois disso nunca mais retorna ao poeta com toda a intensidade. Nessa versão, em sua configuração detalhada e particular do morrer, mesmo em seu título [*Dichtermut*, "Coragem de poeta"], há ainda aquela tensão entre dois mundos — o do poeta e aquela "realidade" na qual a morte ameaça, "realidade" que aqui aparece somente sob as roupagens da divindade. Posteriormente, a dualidade de mundos desaparece; com o morrer a característica da coragem caduca; no percurso do poema nada é dado a não ser a existência do poeta. É urgente indagar sobre o que repousa a possibilidade de comparação entre esboços tão inteiramente diferentes em seus detalhes e percurso. Mais uma vez, o que permite a comparação entre os poemas não é a igualdade de um elemento, mas tão só a ligação numa função, a qual encontra-se no único princípio funcional que pode ser assinalado, isto é, o "poetificado". Deve-se comparar o "poetificado" de ambas as versões — não em sua igualdade, que não existe, mas em sua "comparabilidade". Os dois poemas estão ligados em seu "poetificado" e, a saber, por uma atitude para com o mundo. Esta atitude é a coragem, a qual, quanto mais profundamente é compreendida, torna-se menos uma característica do que uma relação do homem com o mundo e do mundo com o homem. O "poetificado" da primeira versão só conhece a coragem como característica. Homem e morte estão um diante do outro, os dois rígidos; nenhum mundo intuitivo lhes é comum. É bem verdade que já se havia tentado encontrar no poeta, em sua existência divina-natural, uma relação profunda com a morte, porém, apenas de modo indireto pela mediação do deus, a quem a morte — mitologicamente — pertencia, e a quem o poeta — outra vez num sentido mitológico — fora aproximado. A vida ainda era uma condição prévia da morte, a figura surgia da natureza. Evitara-se dar uma conformação definitiva à intuição sensível e à figura a partir de um princípio espiritual, portanto, elas permaneciam sem interpenetração. Nesse poema, o perigo da morte foi superado pela beleza. Ao passo que na versão posterior toda beleza flui da superação do perigo. Anteriormente, Hölderlin finalizara o poema com a dissolução da figura, ao passo que, no fim da nova versão, o que aparece é o puro fundamento da configuração. E esta é agora alcançada a partir de um fundamento que é espiritual. A dualidade de homem e morte só poderia repousar num sentimento pouco rigoroso da vida. Ela não se manteve, pois o "poetificado" se concentrou numa ligação mais profunda, e um princípio espiritual — a coragem — deu figura à vida a partir de si mesmo. Coragem é entrega ao perigo que ameaça o mundo. Na coragem encontra-se oculto um paradoxo peculiar, e somente a partir daí a articulação do "poetificado" de ambas as versões pode ser inteiramente compreendida: para a pessoa corajosa o perigo existe e, no entanto, ela não o trata com consideração. Ela seria covarde se o tratasse com consideração; e se o perigo não existisse para ela, ela não seria corajosa. Essa estranha relação se resolve pelo fato de que o perigo não ameaça o próprio corajoso, mas o mundo. Coragem é o sentimento de vida do homem que se entrega ao perigo, e, ao fazer isso, expande, em sua morte, o perigo para o mundo ao mesmo tempo em que o supera. A grandeza do perigo surge na pessoa corajosa — é somente quando o perigo a atinge, em toda a sua entrega ao perigo, que este atinge o mundo. Com sua morte, o perigo é superado, alcançou o mundo e não o ameaça mais; nessa morte, liberam-se e estabilizam-se conjuntamente forças tremendas, que

Dois poemas de Friedrich Hölderlin

todos os dias, como coisas limitadas, envolvem o corpo. Na morte essas forças que ameaçavam perigosamente o corajoso já se redirecionaram, se apaziguaram (é essa objetivação das forças que já aproximara do poeta a essência dos deuses). O mundo do herói morto é um mundo novo, mítico, saturado de perigos: este é precisamente o mundo do poema em sua segunda versão. Nele um princípio espiritual domina em absoluto: a simbiose do poeta heroico com o mundo. O poeta não precisa temer a morte, ele é um herói, porque vivencia o centro de todas as relações. O princípio do "poetificado" em geral é a soberania exclusiva da relação que nesse poema em particular é figurada como coragem: como mais íntima identidade do poeta com o mundo, cujo produto são todas as identidades entre o elemento intuitivo e o espiritual dessa poesia. Este é o fundamento de onde a figura separada se suprime na ordem espaçotemporal, onde ela é eliminada como informe, omniforme, processo e existência, plasticidade temporal e acontecer espacial. Na morte, que é o seu mundo, estão unificadas todas as relações. Nela estão presentes a mais extrema forma infinita e a ausência de forma, plasticidade temporal e existência espacial, ideia e sensibilidade. E cada função da vida nesse mundo é destino, ao passo que na primeira versão do poema o destino, segundo a concepção tradicional, determinava a vida. Este é o princípio oriental, místico, que ultrapassando as fronteiras sempre volta a eliminar de modo tão evidente o princípio grego de criação formal, que cria um cosmos espiritual a partir de relações puras, como as da intuição, da existência sensível, na qual o elemento espiritual apenas expressa a função que aspira à identidade. A transformação da dualidade morte e poeta na unidade de um mundo poético morto, "saturado de perigos", é a relação que liga o "poetificado" dos dois poemas. Só agora passa a ser possível examinar a terceira estrofe, a estrofe central. É evidente que a morte foi transferida, na figura do "recolhimento" [*Einkehr*], para o centro do poema, que nesse centro reside a origem do canto como a quintessência de todas as funções, que daqui brotam as ideias de "arte", de "verdadeiro" como expressão da unidade em repouso. O que foi dito a respeito da eliminação da hierarquia entre seres mortais e seres celestiais aparece nesse contexto plenamente assegurado. É de se supor que as palavras "uma solitária caça" [*ein einsam Wild*] se refiram aos homens, o que corresponde muito bem ao título do poema. "Timidez" — essa passa a ser agora a autêntica atitude do poeta. Transportado para o centro da vida, não lhe resta nada além da existência imóvel, a completa passividade que é a essência do corajoso: uma entrega de si à relação. Esta parte dele e volta a ele. Assim o canto atinge os viventes e assim eles lhe são conhecidos — e não mais aparentados. Canto e poeta não se distinguem um do outro no cosmos do poema. Ele não é nada senão um limite em relação à vida, uma indiferença, rodeado pelas imensas forças sensíveis e pela ideia, que guardam em si a sua lei. Até que ponto ele significa o centro intocável de todas as relações, é o que mostram os dois últimos versos com a maior força. Os seres celestiais tornaram-se signos da vida infinita que, no entanto, é limitada em relação a ele: "e dos celestiais/ Trazemos um. Porém,/ Trazemos atinadas mãos nós mesmos" [*"und von den Himmlischen/ Einen bringen. Doch selber/ Bringen schickliche Hände wir"*]. Assim o poeta não é mais visto como figura, mas somente como princípio da figura, princípio de limitação, e mesmo ainda portador de seu próprio corpo. Ele traz suas mãos — e os seres celestiais. A cesura pungente dessa passagem fornece a distância que o poeta deve tomar em relação a todas as figuras e do mundo como sua unidade. A construção do poema é uma prova da pertinência das seguintes palavras de Schiller: "O verdadeiro segredo do mestre [...] é este: *ele consome, pela forma, sua matéria* [...] O espírito do ouvinte ou de quem contempla deve per-

Dois poemas de Friedrich Hölderlin

manecer plenamente livre e incólume, deve sair puro e perfeito da esfera mágica do artista como das mãos do Criador".[17]

Ao longo deste estudo, evitamos propositalmente utilizar a palavra "sobriedade", com a qual estaríamos tentados a caracterizar o poema. Pois só agora deverão ser citadas as palavras de Hölderlin relativas ao elemento "sacro-sóbrio" [*heilignüchtern*],[18] cujo sentido agora está definido. Já foi observado que essas palavras contêm a tendência de suas criações tardias. Elas brotam da segurança profunda com que elas se encontram em sua própria vida espiritual, na qual a sobriedade passa a ser permitida, até mesmo exigida, porque em si é sagrada e se encontra no campo do elevado, para além de toda e qualquer elevação.[19] Será esta vida ainda a vida do helenismo? Não o é da mesma forma como a vida de uma pura obra de arte em geral não pode ser a vida de

---

[17] Ver *Cartas sobre a educação estética da humanidade*, tradução de Roberto Schwarz, introdução e notas de Anatol Rosenfeld, São Paulo, EPU, 1992, p. 117. (N. da E.)

[18] Em Hölderlin, "Hälfte des Lebens": "*Mit gelben Birnen hänget/ Und voll mit wilden Rosen/ Das Land in den See,/ Ihr holden Schwäne,/ Und trunken von Küssen/ Tunkt ihr das Haupt/ Ins heilignüchterne Wasser.// Weh mir, wo nehm ich, wenn/ Es Winter ist, die Blumen, und wo/ Den Sonnenschein,/ Und Schatten der Erde?/ Die Mauern stehn/ Sprachlos und kalt, im Winde/ Klirren die Fahnen.*". Na tradução de José Paulo Paes: "Meio da vida" — "Com peras douradas/ E mil rosas silvestres/ Pende a terra para o lago,/ E vós, meigos cisnes/ Bêbados de beijos,/ Meteis a cabeça/ Nas águas sóbrio-sacras.// Ai de mim: onde achar,/ Se inverno, as flores, onde/ O brilho do sol/ E as sombras da terra?/ Erguem-se os muros/ Mudos, frios: tatalam/ As bandeiras ao vento." (São Paulo, Companhia das Letras, 1991). (N. da E.)

[19] Benjamin joga com os termos *Erhebung* e *erhaben*, aqui traduzidos de maneira literal por "elevação" e "elevado". Embora *das Erhabene* tenha na Estética, a partir de Kant, também o sentido de "sublime" (em oposição ao "belo"), não é do "sublime" que aqui se trata, mas sim do "elevado", do "sagrado". (N. da E.)

um povo, nem a de um indivíduo, nem outra coisa senão essa vida própria que encontramos no "poetificado" do poema. Essa vida é construída segundo as formas do mito grego, mas — e esse é o elemento decisivo — não apenas por elas; precisamente o elemento grego encontra-se suprimido na última versão e substituído por um outro que (a bem da verdade, sem uma justificativa explícita) denominamos de oriental. Quase todas as modificações da última versão vão nessa direção, seja nas imagens, seja na introdução das ideias e, por fim, na nova significação que é dada à morte, todos esses elementos elevando-se como ilimitados face ao fenômeno que repousa em si mesmo, limitado por sua forma. Que aí se oculte uma questão decisiva, não apenas para o conhecimento de Hölderlin, é algo que não cabe demonstrar no presente contexto. O estudo do "poetificado", entretanto, não leva ao mito, mas leva apenas — nas obras maiores — às ligações míticas que a obra de arte plasma numa figura única, que não é nem mitológica nem mítica e que nos é impossível de conceber de modo mais preciso.

Se houvesse palavras para captar a relação que se estabelece entre o mito e a vida interior da qual nasce o último poema, seriam aquelas que Hölderlin escreveu numa obra pertencente a um período ainda mais tardio: "As lendas, que da Terra se afastam,/ [...]/ Voltam-se para a humanidade" ["*Die Sagen, die der Erde sich entfernen,/* [...]/ *Sie kehren zu der Menschheit sich*"].[20]

(1915)

Tradução de Susana Kampff Lages

---

[20] Do poema "*Der Herbst*", "O outono". (N. da E.)

Sobre a linguagem em geral
e sobre a linguagem do homem

Toda manifestação da vida espiritual humana pode ser concebida como uma espécie de linguagem, e essa concepção leva, em toda a parte, à maneira de verdadeiro método, a novos questionamentos. Pode-se falar de uma linguagem da música e da escultura, de uma linguagem da jurisprudência que nada têm a ver, imediatamente, com as línguas em que estão redigidas as sentenças dos tribunais ingleses e alemães; pode-se falar de uma linguagem da técnica que não é a língua especializada dos técnicos. Nesse contexto, língua, ou linguagem,[21] significa o princí-

---

[21] Uma das dificuldades de tradução deste texto está no fato de o alemão (assim como o latim, o inglês e o russo, por exemplo) pertencer às línguas que fazem uma distinção binária entre *Sprache* e *Rede*, enquanto o português opera com uma distinção ternária: "língua", "linguagem" e "palavra". Essa diferenciação, tomada de empréstimo ao linguista E. Coseriu, ajuda a entender que o termo *Sprache* possa ser traduzido aqui tanto por "língua" como por "linguagem", dependendo do contexto. O alcance especulativo e ontológico de *Sprache*, em sua amplitude, merece ser ressaltado e pode servir de horizonte para toda a filosofia alemã, em particular aquela do romantismo alemão, tradição na qual o ensaio de Benjamin se insere, ocupando lugar de destaque. Com efeito, mesmo que a língua alemã confira à língua humana, isto é, verbal e articulada, e às várias línguas idiomáticas

pio que se volta para a comunicação de conteúdos espirituais[22] nos domínios em questão: na técnica, na arte, na jurisprudência ou na religião. Resumindo: toda comunicação de conteúdos espirituais é língua, linguagem, sendo a comunicação pela palavra apenas um caso particular: o da comunicação humana e do que a fundamenta ou do que se funda sobre ela (a jurisprudência, a poesia). Mas a existência da linguagem estende-se não apenas a todos os domínios de manifestação do espírito humano, ao qual,

---

um sentido eminente (ver o verbete *Sprache* do *Deutsches Wörterbuch* dos irmãos Grimm), em conformidade com toda a tradição filosófica que distingue o homem dos outros animais pela posse da linguagem, ela pressupõe uma função expressiva na base dessa língua/linguagem, que não pode ser reduzida unicamente às línguas verbais humanas. Nesse sentido, em alemão não é uma metáfora falar da "língua dos pássaros" ou da "linguagem da música"; ao contrário, a língua alemã instiga a indagar sobre as relações entre essas "linguagens" e a "língua humana" (como o faz, por exemplo, Adorno, em seu famoso "Fragment über Musik und Sprache", "Fragmento sobre música e linguagem", in *Gesammelte Schriften*, vol. I-3, pp. 251--6). A função expressiva e significante da *Sprache* ajuda também a entender que se possa dizer dos homens que eles têm línguas diferentes, mas, ao mesmo tempo, possuem a mesma língua/linguagem, como disse Wilhelm von Humboldt.

Deve-se, por fim, observar que a tradução para o português do adjetivo *sprachlich*, formado a partir do substantivo *Sprache*, desdobra essas dificuldades. Em algumas situações, pode ser traduzido por "linguístico", desde que não se perca a riqueza semântica de sua origem, nem se confira peso demasiado ao aspecto técnico e científico da expressão. Via de regra, optou-se por traduzir pela locução "de linguagem", para manter o seu alcance. Outros tradutores, como Márcio Seligmann-Silva (ver *Ler o livro do mundo. Walter Benjamin: romantismo e crítica poética*, São Paulo, Iluminuras, 1999), preferiram o neologismo "lingual" para assinalar essa dimensão. (N. da E.)

[22] Sobre a tradução do termo *Geistig* e seus correlatos, ver nota 9 do ensaio "Dois poemas de Friedrich Hölderlin", neste volume. (N. da E.)

num sentido ou em outro, a língua sempre pertence, mas a absolutamente tudo. Não há evento ou coisa, tanto na natureza animada, quanto na inanimada, que não tenha, de alguma maneira, participação na linguagem, pois é essencial a tudo comunicar seu conteúdo espiritual. Mas as palavras "língua" e "linguagem", nessa acepção, não constituem em absoluto metáforas. O fato de que não podemos representar para nós mesmos nada que não comunique, através da expressão, sua essência espiritual, é um conhecimento pleno de conteúdo; o maior ou menor grau de consciência com o qual tal comunicação aparentemente (ou realmente) está ligada em nada altera o fato de não podermos representar para nós mesmos em parte alguma uma total ausência de linguagem. Uma existência que não tivesse nenhuma relação com a linguagem é uma ideia; mas nem mesmo no domínio daquelas ideias que definem, em seu âmbito, a ideia de Deus, uma tal ideia seria capaz de se tornar fecunda.

Só é correto dizer que, nessa terminologia, toda expressão, na medida em que se constitui como comunicação de conteúdos espirituais, é atribuída à linguagem. E não há dúvida de que a expressão só deve ser entendida, de acordo com sua inteira e mais íntima essência, como *linguagem*; por outro lado, para compreender uma essência linguística, temos sempre que perguntar de que essência espiritual ela é a manifestação imediata. Isso significa que a língua alemã, por exemplo, não é, em absoluto, a expressão de tudo o que podemos — supostamente — expressar *através* dela, mas, sim, a expressão imediata daquilo que *se* comunica dentro dela. Este "se" é uma essência espiritual. Com isso, à primeira vista, é evidente que a essência espiritual que se comunica na língua não é a própria língua, mas algo que dela deve ser diferenciado. A visão segundo a qual a essência espiritual de uma coisa consiste precisamente em sua língua ou linguagem — tal visão, entendida como hipótese, é o grande abismo no qual ameaça precipitar-se toda teoria da linguagem,[23] e sua tarefa é a de manter-se em suspenso, precisamente acima desse abismo. A diferenciação entre a essência espiritual e a essência linguística, na qual aquela comunica, é a distinção primordial em uma investigação de caráter teórico sobre a linguagem; e essa diferença parece ser tão indubitável que, ao contrário, a identidade entre a essência espiritual e a linguística, tantas vezes afirmada, constitui um profundo e incompreensível paradoxo, para o qual se encontrou expressão no duplo sentido da palavra Λόγοζ [*Logos*]. E, no entanto, esse paradoxo, enquanto solução, ocupa um lugar central na teoria da linguagem, permanecendo paradoxo, e insolúvel, quando colocado no início.

O que comunica a língua? Ela comunica a essência espiritual que lhe corresponde. É fundamental saber que essa essência espiritual se comunica *na* língua e não *através* da língua. Portanto, não há um falante das línguas, se se entender por falante aquele que se comunica através dessas línguas. A essência espiritual comunica-se em uma língua e não através de uma língua, isto quer dizer que, vista do exterior, ela, a essência espiritual, não é idêntica à essência linguística. A essência espiritual só é idêntica à essência linguística *na medida em que* é comunic*ável*. O que é comunicável em uma essência espiritual é sua essência linguística. Portanto, a linguagem comunica, a cada vez, a respectiva essência linguística das coisas; mas sua essência espiritual só é comunicada na medida em que se encontra imediatamente encerrada em sua essência linguística, na medida em que ela seja comunic*ável*.

---

[23] Ou será antes a tentação de colocar a hipótese no início, que constitui o abismo de todo o filosofar? (N. de W. B.)

Sobre a linguagem em geral e sobre a linguagem do homem

A linguagem comunica a essência linguística das coisas. Mas a manifestação mais clara dessa essência é a própria linguagem. A resposta à pergunta "O que comunica a linguagem?" deve ser: "Toda linguagem comunica-se a si mesma". A linguagem desta lâmpada, por exemplo, não comunica a lâmpada (pois a essência espiritual da lâmpada, na medida em que é comunicável, não é em absoluto a própria lâmpada), mas a lâmpada-linguagem, a lâmpada-na-comunicação, a lâmpada-na-expressão. Pois na linguagem é assim: *a essência linguística das coisas é sua linguagem*. A compreensão da teoria da linguagem depende da capacidade de levar essa asserção a um grau de clareza que elimine qualquer aparência de tautologia. Essa proposição não é tautológica, pois significa que aquilo que é comunicável em uma essência espiritual *é* sua linguagem. Tudo repousa nesse "é" (que equivale a dizer "é imediatamente"). — Não se trata de dizer que aquilo que em uma essência espiritual é comunicável *se manifesta* mais claramente na sua língua, como acabamos de dizer, de passagem, no início deste parágrafo; mas esse elemento comunic*ável* é a linguagem mesma sem mediações. Dito de outra maneira, a língua de uma essência espiritual é imediatamente aquilo que nela é comunicável. Aquilo que é comunicável *em* uma essência espiritual é aquilo *no que* ela se comunica; o que quer dizer que toda língua se comunica a si mesma. Ou melhor: toda língua se comunica *em* si mesma; ela é, no sentido mais puro, o *meio* [*Medium*][24] da comunicação. A característica própria do

---

[24] *Medium* e *Mittel* são termos recorrentes na reflexão benjaminiana e assumem particular importância no presente ensaio. O segundo tem a significação de "meio para determinado fim", caracteriza, portanto, um contexto instrumental e alude sempre à necessidade de mediação. Já o primeiro termo, *Medium*, designa o *meio* enquanto matéria, ambiente e modo da comunicação, sem que seja

meio, isto é, a imediatidade de toda comunicação espiritual, é o problema fundamental da teoria da linguagem, e, se quisermos chamar de mágica essa imediatidade, então o problema originário da linguagem será a sua magia. Ao mesmo tempo, falar da magia da linguagem significa remeter a outro aspecto: a seu caráter infinito. Este é condicionado por seu caráter imediato. Pois precisamente porque nada se comunica *através* da língua, aquilo que se comunica *na* língua não pode ser limitado nem medido do exterior, e por isso em cada língua reside sua incomensurável, e única em seu gênero, infinitude. É a sua essência linguística, e não seus conteúdos verbais, que define o seu limite.

A essência linguística das coisas é a sua linguagem; aplicada ao ser humano, essa afirmação significa que a essência linguística do ser humano é a sua língua. Isso quer dizer que o homem comunica sua própria essência espiritual *na* sua língua. Mas a língua do homem fala em palavras. Portanto, o ser humano comunica sua própria essência espiritual (na medida em que ela seja comunicável) ao *nomear* todas as outras coisas. Mas conhecemos outras linguagens que nomeiam as coisas? Que não se faça aqui a objeção de que não conhecemos nenhuma outra linguagem que não seja a do homem, pois isso não é verdade. O que não conhecemos fora da linguagem humana é uma linguagem *nomeadora*; ao identificar linguagem nomeadora e linguagem em geral, a teoria da linguagem acaba por privar-se de suas percep-

---

possível estabelecer com ele uma relação instrumental com vista a um fim exterior; por isso mesmo, para Benjamin, indica uma relação de *imediatidade* [*Unmittelbarkeit*]. Como a palavra "meio" em português não distingue entre as duas acepções, a tradução optou por grafar *meio* em itálico, sempre que se tratar de *Medium*, e sem grifo, quando *Mittel*. Vale notar ainda que o uso que o autor faz do termo *Medium* não se confunde com seu emprego atual no plural, tal como ocorre na *Medientheorie* (Teoria dos mídia). (N. da E.)

ções mais profundas. — *Portanto, a essência linguística do homem está no fato de ele nomear as coisas.*

Para quê nomear? A quem se comunica o homem? — Mas será essa questão, no caso do homem, diversa da de outras formas de comunicação (linguagens)? A quem se comunica a lâmpada? A quem, a montanha? E a raposa? — Aqui a resposta é: ao homem. Não se trata de antropomorfismo. A verdade dessa resposta se deixa ver no conhecimento e, talvez também, na arte. E mais: se a lâmpada e a montanha e a raposa não se comunicassem ao homem, como poderia ele nomeá-las? No entanto, ele as nomeia; *ele* se comunica ao nomeá-*las*. A quem ele se comunica?

Antes de responder a esta pergunta, deve-se examinar novamente a questão: como se comunica o homem? Deve-se estabelecer aqui uma diferença clara, colocar uma alternativa diante da qual, seguramente, uma concepção da linguagem essencialmente falsa seja desmascarada. Será que o homem comunica a sua essência espiritual *através* dos nomes que ele dá às coisas? Ou *nos* nomes? O paradoxo da questão contém a sua resposta. Quem acredita que o homem comunica sua essência espiritual *através* dos nomes, não pode, por sua vez, aceitar que seja a sua essência espiritual o que ele comunica, pois isso não se dá através de nomes de coisas, isto é, não se dá através das palavras com as quais ele designa uma coisa. Por sua vez, pode aceitar apenas que comunica alguma coisa a outros homens, pois isso se dá através da palavra com a qual eu designo uma coisa. Tal visão é a concepção burguesa da linguagem, cuja inconsistência e vacuidade devem resultar cada vez mais claras, a partir das reflexões que faremos a seguir. Essa visão afirma que o meio [*Mittel*] da comunicação é a palavra; seu objeto, a coisa; seu destinatário, um ser humano. Já a outra concepção não conhece nem meio, nem objeto, nem destinatário da comunicação. Ela afirma que *no nome a essência espiritual do homem se comunica a Deus.*

No âmbito da linguagem, o nome possui somente esse sentido e essa significação, de um nível incomparavelmente alto: ser a essência mais íntima da própria língua. O nome é aquilo *através* do qual nada mais se comunica, e *em* que a própria língua se comunica a si mesma, e de modo absoluto. No nome, a essência espiritual que se comunica é *a* língua. Somente onde a essência espiritual em sua comunicação for a própria língua em sua absoluta totalidade, somente ali estará o nome e lá estará o nome somente. Assim, como parte do legado da linguagem humana, o nome garante que *a língua é pura e simplesmente* a essência espiritual do homem; e é somente por isso que o homem é, entre todos os seres dotados de espírito, o único cuja essência espiritual é plenamente comunicável. É isso que fundamenta a diferença entre a linguagem humana e a linguagem das coisas. Mas como a essência espiritual do homem é a língua mesma, ele não pode se comunicar através dela, mas apenas dentro dela. O nome é a condensação dessa totalidade intensiva da língua como essência espiritual do homem. O homem é aquele que nomeia, nisso reconhecemos que por sua boca fala a pura língua. Toda natureza, desde que se comunica, se comunica na língua, portanto, em última instância, no homem. Por isso, ele é o senhor da natureza e pode nomear as coisas. É somente através da essência linguística das coisas que ele, a partir de si mesmo, alcança o conhecimento delas — no nome. A criação divina completa-se no momento em que as coisas recebem seu nome do homem, a partir de quem, no nome, somente a língua fala. Pode-se designar o nome como a língua da língua, a linguagem da linguagem (desde que o genitivo não designe uma relação de "meio" [*Mittel*], mas de "*meio*" [*Medium*]), e, nesse sentido com certeza, por que ele fala *no* nome, o homem é o falante da linguagem — e por isso mesmo, seu único falante. Ao designar o homem como "aquele que fala" (que é, evidentemente, segundo a Bíblia,

"Aquele-que-dá-nome": "e como o homem dava nome a todos os tipos de animais vivos, assim estes deviam *se chamar*"),[25] muitas línguas abrigam esse conhecimento metafísico.

Contudo, o nome não é somente a última exclamação; é também a verdadeira interpelação da linguagem. Com isso, aparece no nome a lei essencial da linguagem, segundo a qual expressar-se a si mesmo e interpelar todas as outras coisas são um só movimento. A linguagem — e nela, uma essência espiritual — não se exprime de modo puro senão quando ela fala no nome, quer dizer, na nomeação universal. Assim, no nome culminam a totalidade intensiva da língua como essência absolutamente comunicável, e a totalidade extensiva da língua como essência universalmente comunicante (que nomeia). A linguagem será imperfeita em sua essência comunicante, em sua universalidade, quando a essência espiritual, que fala a partir dela, não for, em toda a sua estrutura, algo linguístico, isto é, algo comunicável. *Somente o homem possui a linguagem perfeita do ponto de vista da universalidade e da intensidade.*

A partir de tal conhecimento, é possível formular, sem risco de equívoco, uma questão que possui certamente a mais alta importância metafísica, mas que aqui deverá ser apresentada com toda clareza, em primeiro lugar, como questão terminológica. Trata-se de saber se, do ponto de vista de uma teoria da linguagem, deve-se definir toda essência espiritual como linguística — não apenas a do ser humano (pois no seu caso isso se dá necessariamente), mas também a essência das coisas e, com isso, toda e qualquer essência espiritual em geral. Se a essência espiritual

---

[25] *Gênesis*, 2, 19. No original, Benjamin cita a Bíblia de Lutero: "*wie der Mensch allerlei lebendige Tiere nennen würde, so sollten sie* heissen" (grifo do autor). (N. da E.)

Escritos sobre mito e linguagem

for idêntica à essência linguística, a coisa é, em sua essência espiritual, o *meio* da comunicação, e aquilo que nela se comunica é — em função desse seu estatuto de *meio* — precisamente esse próprio *meio* (a linguagem). Assim, a linguagem é a essência espiritual das coisas. A essência espiritual, portanto, é colocada desde o princípio como comunicável, ou melhor, colocada justamente *na* comunicabilidade, e a tese segundo a qual a essência linguística das coisas é idêntica a sua essência espiritual, enquanto esta é comunicável, torna-se, com este "enquanto", uma tautologia. *Não há um conteúdo da língua, ou da linguagem; enquanto comunicação a linguagem comunica uma essência espiritual, isto é, uma comunicabilidade pura e simples.* As diferenças entre linguagens são diferenças entre *meios* que se diferenciam, por assim dizer, por sua densidade, gradualmente, portanto; e isso tanto do ponto de vista da densidade daquele que comunica (o que nomeia) quanto do comunicável (o nome) na comunicação. Essas duas esferas, perfeitamente distintas, e no entanto unidas na língua nominal do homem, não cessam obviamente de se corresponder.

Para a metafísica da linguagem, essa equiparação entre essência espiritual e essência linguística, a qual só conhece diferenças de grau, produz uma gradação de todo o ser espiritual. Essa gradação, que ocorre no interior da própria essência espiritual, não se deixa apreender por nenhuma outra categoria superior, e conduz consequentemente a uma gradação de todas as essências, tanto espirituais como linguísticas, segundo graus de existência ou de ser, como aqueles familiares à escolástica medieval no que diz respeito às essências espirituais. Mas se essa equiparação entre essência espiritual e essência linguística tem, do ponto de vista de uma teoria da linguagem, um alcance metafísico tão grande é porque conduz àquele conceito que sempre voltou a se destacar, por si só, no centro da filosofia da linguagem e que estabe-

Sobre a linguagem em geral e sobre a linguagem do homem

leceu a mais íntima ligação entre esta e a filosofia da religião. Este é o conceito de revelação. — No interior de toda configuração linguística reina o conflito do expresso e do exprimível com o inexprimível e o inexpresso. Ao considerar esse conflito, vislumbra-se na perspectiva do inexprimível, simultaneamente, a última essência espiritual. Ora, é claro que equiparar a essência espiritual à essência linguística implica contestar essa relação de proporcionalidade inversa entre ambas. Pois a tese aqui é a de que quanto mais profundo, isto é, quanto mais existente e real for o espírito, tanto mais exprimível e expresso; nesse sentido, é próprio dessa equiparação tornar absolutamente unívoca a relação entre espírito e linguagem, de modo que aquilo que existe com mais força na linguagem, aquilo que está melhor estabelecido, aquilo que é, em termos de linguagem, mais pregnante e inarredável, em suma, o que mais se exprime, é ao mesmo tempo o espiritual em sua forma pura. É exatamente isso que significa o conceito de revelação, quando toma a intangibilidade da palavra como condição única e suficiente — e a característica — do caráter divino da essência espiritual que nela se exprime. O mais alto domínio espiritual da religião é (no conceito de revelação) também o único que não conhece o inexprimível. Pois este é convocado no nome e se diz como revelação. Ora, o que assim se anuncia é que só a essência espiritual mais elevada, tal como ela se manifesta na religião, repousa puramente sobre o homem e sobre a linguagem no homem, ao passo que toda arte, inclusive a poesia, não repousa sobre a quintessência do espírito da linguagem, mas repousa sobre o espírito linguístico das coisas, ainda que em sua perfeita beleza. *"Linguagem, a mãe* da razão e da *revelação,* seu alfa e ômega", diz Hamann.

A linguagem mesma não se encontra expressa de modo perfeito nas coisas enquanto tais. Essa proposição possui um sentido duplo, caso seja entendida de modo figurado ou concreto: as línguas dos objetos são imperfeitas, e eles são mudos. Às coisas é negado o puro princípio formal da linguagem que é o som. Elas só podem se comunicar umas com as outras por uma comunidade mais ou menos material. Essa comunidade é imediata e infinita como a de toda comunicação linguística; ela é mágica (pois também há uma magia da matéria). O que é incomparável na linguagem humana é que sua comunidade mágica com as coisas é imaterial e puramente espiritual, e disso o símbolo é o som. A Bíblia exprime esse fato simbólico quando diz que Deus insuflou no homem o sopro: que é, ao mesmo tempo, vida e espírito e linguagem.

Ao se considerar a seguir, com base nos primeiros capítulos do *Gênesis*, a essência da linguagem, não se pretende realizar uma interpretação da Bíblia, nem colocar aqui a Bíblia, objetivamente, enquanto verdade revelada, como base para nossa reflexão, mas sim indagar o que resulta quando se considera o texto bíblico em relação à própria natureza da linguagem; e a Bíblia é, *de início*, indispensável para este projeto apenas porque estas reflexões a seguem em seu princípio, que é o de pressupor a língua como uma realidade última, inexplicável e mística que só pode ser considerada em seu desenvolvimento. Considerando a si mesma como revelação, a Bíblia deve necessariamente desenvolver os fatos linguísticos fundamentais. — A segunda versão da história da Criação, que fala do sopro insuflado no homem, relata simultaneamente que o homem foi feito de terra. Essa é, em toda a história da Criação, a única passagem em que se fala da matéria na qual o Criador expressa a sua vontade; uma vontade que em outras passagens é sempre concebida como sendo imediatamente criadora. Nessa segunda história da Criação, a criação do homem não se dá pela palavra (Deus disse — e assim se fez), mas a esse homem que não foi criado a partir da palavra é conferido agora o *dom* da língua, que o eleva acima da natureza.

Ora, essa singular revolução do ato criador no que diz respeito ao homem está registrada de maneira igualmente clara na primeira história da Criação. Em um contexto bem diferente, encontra-se também, de modo igualmente determinado, a correlação especial que se estabelece entre o homem e a linguagem a partir do ato da Criação. A variedade rítmica dos atos criadores do primeiro capítulo deixa perceber, porém, uma espécie de molde básico do qual somente a criação do homem se destaca de modo significativo. É bem verdade que não se trata nunca, nem no caso do homem, nem no da natureza, de uma relação explícita com a matéria a partir da qual foram criados; e não é possível determinar se as palavras "ele fez" implicam uma criação a partir da matéria. Mas o ritmo da criação da natureza (conforme *Gênesis*, 1) é: Haja... — Ele fez (criou) — Ele chamou. — Em alguns atos criadores (1, 3; 1, 14) intervém unicamente o "Haja". Nesse "Haja" e no "Ele chamou", no início e no fim dos atos, aparece, a cada vez, a profunda e clara relação do ato criador com a linguagem. Este começa com a onipotência criadora da linguagem, e ao final a linguagem, por assim dizer, incorpora a si o criado, ela o nomeia. Ela é aquilo que cria, e perfaz, ela é palavra e nome. Em Deus o nome é criador por ser palavra, e a palavra de Deus é saber por ser nome. "E Deus viu que isso era bom", isto é: ele o conheceu pelo nome. A relação absoluta do nome com o conhecimento só existe em Deus, só nele o nome, porque é intimamente idêntico à palavra criadora, é o puro *meio* do conhecimento. Isso quer dizer: Deus tornou as coisas cognoscíveis ao lhes dar nomes. Mas o homem só nomeia as coisas na medida em que as conhece.

Com a criação do homem, o ritmo ternário da criação da natureza dá lugar a uma ordem inteiramente outra. A linguagem tem aqui, por conseguinte, outra significação; o aspecto ternário do ato é mantido, mas o paralelismo ressalta ainda mais claramente a distância; no triplo "ele criou" do versículo 1, 27, Deus não criou o homem a partir da palavra, e ele não o nomeou.[26] Deus não quis submetê-lo à linguagem, mas liberou no homem a linguagem que lhe havia servido, a *ele*, como *meio* da Criação. Deus descansou após depositar no homem seu poder criador. Privado de sua atualidade divina, esse poder criador converteu--se em conhecimento. O homem é aquele que conhece na mesma língua em que Deus cria. Deus criou o homem à sua imagem, criou aquele que conhece à imagem daquele que cria. É por isso que, quando se diz que a essência espiritual do homem é a linguagem, essa frase precisa de uma explicação. Sua essência espiritual é a linguagem em que ocorreu a Criação. A Criação ocorreu na palavra, e a essência linguística de Deus é a palavra. Toda linguagem humana é tão só reflexo da palavra no nome. O nome alcança tão pouco a palavra quanto o conhecimento, a Criação. A infinitude de toda linguagem humana permanece sempre de natureza limitada e analítica em comparação com a infinitude absoluta, ilimitada e criadora da palavra divina.

A imagem mais profunda dessa palavra divina — o ponto em que a língua do homem participa mais intimamente da infinitude divina da pura palavra, o ponto em que essa língua não pode se tornar nem palavra finita e nem conhecimento — é o nome humano. A teoria do nome próprio é a teoria do limite da linguagem finita em relação à linguagem infinita. Dentre todos os seres, o homem é o único que dá ele mesmo um nome aos seus semelhantes, assim como ele é o único a quem Deus não nomeou. Talvez seja ousado, mas decerto não impossível, citar no presente contexto a segunda parte do versículo 2, 20: o homem

---

[26] *Gênesis*, 1, 27: "Deus criou o homem à sua imagem,/ à imagem de Deus ele o criou,/ homem e mulher ele os criou", na tradução da *Bíblia de Jerusalém*. (N. da E.)

Sobre a linguagem em geral e sobre a linguagem do homem

deu nomes a todos os seres, "mas, para o homem, não encontrou a auxiliar que lhe correspondesse". Como de resto Adão, assim que a recebe, dá um nome a sua mulher (*'îsha*,[27] no segundo capítulo; Eva, no terceiro). Com a doação de um nome, os pais consagram seus filhos a Deus; ao nome que eles dão nesse ato não corresponde — no sentido metafísico, não etimológico — nenhum conhecimento, uma vez que é por ocasião do nascimento que dão nome a seus filhos. Para um espírito rigoroso, nenhum homem deveria corresponder a seu nome (segundo seu significado etimológico), pois o nome próprio é palavra de Deus em sons humanos. Esse nome garante a cada homem sua criação por Deus e, nesse sentido, ele mesmo é criador, como a sabedoria mitológica bem exprime na visão (aliás, nada rara) de que o nome de um homem é seu destino. O nome próprio é o que o homem tem em comum com a palavra *criadora* de Deus. (Esse não é o único caso, e o homem conhece ainda uma outra comunidade linguística com a palavra divina.) Pela palavra o homem está ligado à linguagem das coisas. A palavra humana é o nome das coisas. Com isso, não vigora mais a concepção burguesa da língua segundo a qual a palavra estaria relacionada à coisa de modo casual e que ela seria um signo das coisas (ou de seu conhecimento), estabelecido por uma convenção qualquer. A linguagem não fornece jamais *meros* signos. Mas a refutação da teoria burguesa da linguagem por parte da teoria mística é igualmente equivocada. Pois segundo esta, a palavra é por definição a essência da coisa. Isso é incorreto, pois a coisa enquanto tal não tem nenhuma palavra; criada a partir da palavra de Deus, ela é conhecida em seu nome pela palavra do homem. Esse conhecimento da coisa não é, contudo, uma criação espontânea,

---

[27] O termo *'îsha* é, em hebraico, o feminino de *'îsh*, homem. (N. da E.)

ele não acontece a partir da linguagem de maneira absolutamente ilimitada e infinita, como ocorre na Criação; o nome que o homem atribui à coisa repousa sobre a maneira como ela se comunica a ele. No nome a palavra divina não continua criadora; ela se torna em parte uma receptividade ativa, uma receptividade que concebe, ainda que tal concepção seja de linguagem. Essa receptividade responde à linguagem das coisas mesmas, das quais, por sua vez, a palavra divina se irradia, sem som, na magia muda da natureza.

Para designar conjuntamente essa receptividade e essa espontaneidade tal como elas se encontram nessa conexão única em seu gênero, que ocorre apenas no domínio linguístico, a língua possui sua palavra própria, e esta vale também para aquela receptividade do que não tem nome no nome. É a tradução da linguagem das coisas para a linguagem do homem. É necessário fundamentar o conceito de tradução no nível mais profundo da teoria linguística, pois ele possui alcance e poder demasiado amplos para ser tratado de uma maneira qualquer num momento posterior, como algumas vezes se pensa. Tal conceito adquire sua plena significação quando se percebe que toda língua superior (com exceção da palavra de Deus) pode ser considerada como tradução de todas as outras. Graças à relação acima mencionada entre as línguas como uma relação entre *meios* de diferente densidade, dá-se a traduzibilidade das línguas entre si. A tradução é a passagem de uma língua para outra por uma série contínua de metamorfoses. Séries contínuas de metamorfoses, e não regiões abstratas de igualdade e de similitude, é isso que a tradução percorre.

Traduzir a linguagem das coisas para a linguagem do homem não consiste apenas em traduzir o que é mudo para o que é sonoro, mas em traduzir aquilo que não tem nome em nome. Trata-se, portanto, da tradução de uma língua imperfeita para

Sobre a linguagem em geral e sobre a linguagem do homem

uma língua mais perfeita, e ela não pode deixar de acrescentar algo, o conhecimento. Ora, a objetividade dessa tradução está garantida em Deus. Pois Deus criou as coisas e nelas a palavra criadora é o gérmen do nome que conhece, da mesma forma como Deus também, ao final, nomeava cada coisa após tê-la criado. Mas evidentemente essa nomeação constitui somente a expressão da identidade, em Deus, entre a palavra criadora e o nome que conhece, e não a solução antecipada para aquela tarefa que Deus atribui expressamente ao próprio homem: nomear as coisas. Recebendo a língua muda e sem nome das coisas e transpondo-a em sons, nos nomes, o homem solve essa tarefa. Mas essa tarefa seria insolúvel se a língua nomeadora do homem e a língua sem nome das coisas não tivessem uma proximidade de parentesco em Deus, oriundas da mesma palavra criadora, tornada, nas coisas, comunicação da matéria em uma comunidade mágica, e, no homem, linguagem do conhecimento e do nome em um espírito bem-aventurado. Diz Hamann: "Tudo o que, no princípio, o homem ouviu, viu com seus olhos [...] e tocou com suas mãos, era [...] palavra viva; pois Deus era a palavra. Com essa palavra na boca e no coração, a origem da linguagem foi tão natural, tão próxima e fácil como uma brincadeira de criança...". Em seu poema "O primeiro despertar de Adão e suas primeiras noites bem-aventuradas", o pintor Müller[28] apresenta Deus incitando o homem a dar nomes às coisas, nesses termos: "Homem de terra, aproxima-te e, contemplando, torna-te mais perfeito, torna-te mais perfeito pela palavra!". Neste nexo entre contemplação e nomeação a mudez comunicante das coisas (e dos animais) está intimamente voltada para a linguagem verbal do homem, a qual a acolhe no nome. No mesmo capítulo do poema,

---

[28] Trata-se de Friedrich Müller (1749-1825), conhecido escritor e artista alemão. (N. da E.)

brota do poeta o conhecimento de que somente a palavra a partir da qual as coisas foram criadas permite ao homem nomeá-las; palavra que se comunica, ainda que mudamente, nas várias línguas dos animais, através da seguinte imagem: Deus faz um sinal aos animais para que eles, um a um, se apresentem ao homem para serem nomeados. Assim, de modo quase sublime, a comunidade linguística entre a criação muda e Deus é dada na imagem do sinal.

Como a palavra muda, na existência das coisas, está infinitamente longe, e abaixo, da palavra que, no conhecimento do homem, nomeia, por sua vez, esta palavra está também longe da palavra criadora de Deus — eis aí o fundamento da pluralidade das línguas humanas. A linguagem das coisas pode adentrar *aquela* linguagem do conhecimento e do nome somente na tradução — há tantas traduções quanto línguas desde que o homem caiu do estado paradisíaco, que conhecia uma só língua. (Se bem que, segundo a Bíblia, essa consequência da expulsão do paraíso só irá se verificar mais tarde.) A língua paradisíaca do homem deve necessariamente ter sido a do conhecimento perfeito, ao passo que mais tarde todo o conhecimento se diferencia, ainda uma vez, ao infinito na multiplicidade da linguagem, e devia se diferenciar, num nível inferior, enquanto criação no nome de modo geral. Que a língua do paraíso tenha sido a língua do conhecimento perfeito é algo que nem mesmo a existência da árvore do conhecimento pode dissimular. Suas maçãs deveriam proporcionar o conhecimento daquilo que é bom e daquilo que é mau. Mas no sétimo dia Deus já o reconhecera com as palavras da criação: "e era muito bom".[29] O conhecimento para o

---

[29] *Gênesis*, 1, 31: "Deus viu tudo o que tinha feito: e era muito bom", na tradução da *Bíblia de Jerusalém*; a passagem refere-se ao sexto dia, e não ao sétimo, como observa o autor. (N. da E.)

Sobre a linguagem em geral e sobre a linguagem do homem

qual a serpente seduz, o saber sobre o que é bom e o que é mau, não tem nome. Ele é, no sentido mais profundo, nulo; e esse saber é justamente ele mesmo o único mal que o estado paradisíaco conhece. O saber sobre o que é bom e o que é mau não tem a ver com o nome, é um conhecimento exterior, a imitação não criativa da palavra criadora. Nesse conhecimento, o nome sai de si mesmo: o pecado original é a hora de nascimento da *palavra humana*, aquela em que o nome não vivia mais intacto, aquela palavra que abandonou a língua que nomeia, a língua que conhece, pode-se dizer: abandonou a sua própria magia imanente para reivindicar expressamente seu caráter mágico, de certo modo, a partir do exterior. A palavra deve comunicar *alguma coisa* (afora si mesma). Esse é realmente o pecado original do espírito linguístico. A palavra que comunica do exterior, expressamente mediada, é de certa forma uma paródia da palavra imediata, da palavra criadora de Deus; é também a queda do espírito adâmico, do espírito linguístico bem-aventurado, que se encontra entre ambos. Pois há, de fato, entre a palavra que conhece o bem e o mal, segundo a promessa da serpente, e a palavra que comunica do exterior, uma identidade fundamental. O conhecimento das coisas repousa no nome; mas o conhecimento do bem e do mal é — no sentido profundo em que Kierkegaard entende este termo — uma "tagarelice", e este só conhece uma purificação e uma elevação (a que também foi submetido o homem tagarela, o pecador): o tribunal. Realmente, para a palavra que julga, o conhecimento do bem e do mal é imediato. Sua magia é diferente da magia do nome, mas é igualmente magia. Essa palavra que julga expulsa os primeiros homens do paraíso; eles mesmos a incitaram, em conformidade com uma lei eterna segundo a qual essa palavra que julga pune seu próprio despertar como a única, a mais profunda culpa — e é isso que ela espera. No pecado original, em que a pureza eterna do nome foi lesada, ergueu-se a pureza mais severa da palavra judicante, do julgamento. Para pensar o nexo essencial da linguagem, o pecado original possui tríplice significação (para não mencionar aqui sua significação mais corriqueira). Ao sair da pura linguagem do nome, o homem transforma a linguagem em meio (a saber, meio para um conhecimento que não lhe é adequado), e com isso a transforma também, pelo menos em parte, em *mero* signo; daí, mais tarde, a pluralidade das línguas. O segundo significado do pecado original é que a partir dele se ergue — enquanto restituição da imediatidade do nome, que nele foi lesada — uma nova imediatidade, a magia do julgamento, que não mais repousa feliz em si mesma. O terceiro significado, que se pode arriscadamente supor, seria o de que também a origem da abstração enquanto capacidade do espírito linguístico deveria ser buscada no pecado original. Pois o bem e o mal se mantêm, sem nome e sem poderem ser nomeados, fora da linguagem que nomeia, aquela linguagem que o homem abandona precisamente no abismo desse perguntar. Ora, com relação à linguagem existente, o nome fornece apenas o solo no qual seus elementos concretos se enraízam. Mas os elementos abstratos da linguagem — talvez seja lícito supor — têm suas raízes na palavra judicante, no julgamento. A imediatidade[30] (ora, essa é a raiz linguística) da comunicabilidade própria à abstração reside no veredicto judicial. Essa imediatidade na comunicação do abstrato instalou-se como judicante quando o homem, pela queda, abandonou a imediatidade na comunicação do concreto, isto é, o nome, e caiu

---

[30] No original, os termos empregados nesta passagem guardam semelhanças fonéticas que não podem ser reproduzidas em português: a saber, *Unmittelbarkeit* (imediatidade), *Mitteilbarkeit* (comunicabilidade), *Mittelbarkeit* (caráter mediado), *Mitteilung* (comunicação) e *Mittel* (meio). (N. da E.)

Sobre a linguagem em geral e sobre a linguagem do homem

no abismo do caráter mediado de toda comunicação, da palavra como meio, da palavra vã, no abismo da tagarelice. Pois — é preciso repetir ainda uma vez — a pergunta sobre o bem e o mal no mundo depois da Criação foi tagarelice. A árvore do conhecimento não estava no jardim de Deus pelas informações que eventualmente pudesse fornecer sobre o bem e o mal, mas sim como insígnia do julgamento sobre aquele que pergunta. Essa monstruosa ironia é o sinal distintivo da origem mítica do Direito.

Depois da queda, que, ao tornar a língua mediada, lançou a base para sua pluralidade, não era preciso mais que um passo para se chegar à confusão entre as línguas. Como os homens haviam ferido a pureza do nome, bastava apenas o distanciamento daquela contemplação das coisas, através da qual sua linguagem adentra o homem, para roubar aos homens a base comum do espírito linguístico já abalado. Os *signos* necessariamente se confundem, lá onde as coisas se complicam. À servidão da língua na tagarelice segue-se a servidão das coisas na doidice quase como consequência inevitável. Nesse distanciamento das coisas, que foi a servidão, surgiu o plano da construção da torre de Babel e, com ela, a confusão entre as línguas.

A vida do homem no puro espírito da linguagem era bem-aventurada. Mas a natureza é muda. Pode-se perceber com clareza, no segundo capítulo do *Gênesis*, que essa mudez, nomeada pelo homem, tornou-se ela própria uma beatitude, ainda que de grau inferior. No poema do pintor Müller, Adão diz a respeito dos animais que o deixam depois de terem sido nomeados: "e pela nobreza com que se afastavam de mim, vi que o homem lhes dera um nome". Mas depois do pecado original, com a palavra de Deus que amaldiçoa a lavoura, o aspecto da natureza altera-se profundamente. Agora principia aquela outra mudez a que aludimos ao falar da tristeza profunda da natureza. É uma verdade metafísica que toda a natureza começaria a se queixar se lhe fosse dada uma língua. (Sendo que "dar uma língua" é bem mais do que "fazer com que seja capaz de falar".) Essa frase tem sentido duplo: em primeiro lugar, significa que a natureza iria se queixar da língua mesma. Ser privada de linguagem: esse é o grande sofrimento da natureza (e é para redimi-la que a vida e a linguagem do *homem* está na natureza, e não apenas, como se supõe, a vida e a linguagem do poeta). Em segundo lugar, essa afirmação quer dizer: a natureza iria se lamentar. Mas o lamento é a expressão mais indiferenciada, mais impotente da linguagem; ele contém quase só o suspiro sensível; e basta um rumor de folhagem para que ressoe junto um lamento. Por ser muda, a natureza é triste e se enluta.[31] Mas é a inversão dessa frase que penetra ainda mais fundo na essência da natureza: é a tristeza da

---

[31] No original, "*Weil sie stumm ist, trauert die Natur.*" O verbo *trauern* e o substantivo feminino *Trauer* designam a "tristeza", porém, de maneira específica: a tristeza oriunda da morte de um ser amado — ou seja, o estado de luto (distinguindo-se de *Traurigkeit*, que no alemão corrente designa a tristeza em geral). Ao que parece, Benjamin não teve conhecimento da importante diferenciação feita por Freud entre *Trauer* e *Melancholie*. Em seu livro *Ursprung des deutschen Trauerspiels* (1928), traduzido por Sergio Paulo Rouanet (*Origem do drama barroco alemão*, São Paulo, Brasiliense, 1984), Benjamin enfatiza a relação de *Trauer* com a caducidade, a tristeza e a morte, em oposição ao modelo clássico da tragédia (*Tragödie*). Para ele, o teatro barroco (*Trauerspiel*) seria um jogo (*Spiel*), uma encenação do luto (*Trauer*), daí a proposta de Haroldo de Campos de traduzi-lo por "luti-lúdio".

A ideia da tristeza da Natureza, presente neste ensaio e também na filosofia da música de Adorno, remete a um estado de luto da Natureza após a queda e o fim do Paraíso; portanto, a uma narrativa bíblica que serve de referência conceitual para devolver à Natureza uma dignidade ontológica subjetiva. Quando o homem, expulso do Paraíso, não consegue mais reconhecer, através do nome, a significação essencial e boa da Natureza, mas a transforma num objeto a ser dominado e explorado, a Natureza é condenada ao silêncio e ao luto. (N. da E.)

Sobre a linguagem em geral e sobre a linguagem do homem

natureza que a emudece. Em todo luto, há uma profunda inclinação para a ausência de linguagem, o que é infinitamente mais do que uma incapacidade ou uma aversão a comunicar. Assim, aquilo que é triste sente-se conhecido de parte a parte pelo incognoscível. Ser nomeado — mesmo quando aquele que nomeia é semelhante aos deuses e bem-aventurado — talvez continue sempre a ser um presságio de tristeza. Tanto mais por esse nome não provir daquela única, bem-aventurada e paradisíaca linguagem dos nomes, mas das centenas de línguas humanas nas quais o nome já murchou e que, no entanto, segundo a sentença de Deus, conhecem as coisas. As coisas não têm nome próprio a não ser em Deus. Pois, certamente, na palavra criadora, Deus as chamou por seu nome próprio. Em contrapartida, na linguagem dos homens, elas estão sobrenomeadas. Na relação entre as línguas humanas e a das coisas há algo que se pode designar, de maneira aproximada, como "sobrenomeação", fundamento linguístico mais profundo de toda tristeza e (do ponto de vista da coisa) de todo emudecimento. Como essência linguística da tristeza, a sobrenomeação remete a um outro aspecto curioso da linguagem: a excessiva determinação que vigora na trágica relação entre as línguas dos homens que falam.

Há uma linguagem da escultura, da pintura, da poesia. Assim como a linguagem da poesia se funda — se não unicamente, pelo menos em parte — na linguagem de nomes do homem, pode-se muito bem pensar que a linguagem da escultura ou da pintura estejam fundadas em certas espécies de linguagens das coisas, que nelas, na pintura ou na escultura, ocorra uma tradução da linguagem das coisas para uma linguagem infinitamente superior, embora talvez pertencente à mesma esfera. Trata-se aqui de línguas sem nome, sem acústica, de línguas próprias do material; aqui é preciso pensar naquilo que as coisas têm em comum, em termos de material, em sua comunicação.

Escritos sobre mito e linguagem

De resto, a comunicação das coisas é com certeza de tal tipo de comunidade que lhe permite abraçar o mundo inteiro como um todo indiviso.

Para o conhecimento das formas artísticas, vale tentar concebê-las todas como linguagens e buscar sua correlação com as linguagens da natureza. Um exemplo que se oferece de imediato, por pertencer à esfera acústica, é o parentesco do canto com a linguagem dos pássaros. Por outro lado, é certo que a linguagem da arte só pode ser compreendida em estreita conexão com a doutrina dos signos. Sem ela, toda e qualquer filosofia da linguagem permanece inteiramente fragmentária, pois a relação entre linguagem e signo (da qual a relação entre língua humana e escrita constitui apenas um exemplo muito particular) é originária e fundamental.

Isso permite definir uma outra oposição que atravessa todo o campo da linguagem e que apresenta relações importantes com a oposição já assinalada entre a linguagem em sentido estrito e o signo, com o qual, é claro, a linguagem não necessariamente coincide. Pois de todo modo a linguagem nunca é somente comunicação do comunicável, mas é, ao mesmo tempo, símbolo do não-comunicável. Esse lado simbólico da linguagem está ligado a sua relação com o signo, e estende-se também, por exemplo, em certos aspectos, ao nome e ao julgamento. Estes têm não apenas uma função comunicante, mas também, com toda probabilidade, uma função simbólica em estreita conexão com esta — à qual não se aludiu aqui, pelo menos não de modo explícito.

Resta assim, depois de tais considerações, um conceito mais depurado de linguagem, por imperfeito que ele ainda possa ser. A linguagem de um ser é o *meio* em que sua essência espiritual se comunica. O fluxo ininterrupto dessa comunicação percorre toda a natureza, do mais baixo ser existente ao homem e do homem a Deus. O homem comunica-se a Deus através do nome

Sobre a linguagem em geral e sobre a linguagem do homem

que dá à natureza e a seus semelhantes (no nome próprio), e ele dá nome à natureza segundo a comunicação que dela recebe, pois também a natureza toda é atravessada por uma língua muda e sem nome, resíduo da palavra criadora de Deus, que se conservou no homem como nome que conhece e paira — acima dele — como veredicto judicante. A linguagem da natureza pode ser comparada a uma senha secreta, que cada sentinela passa à próxima em sua própria língua, mas o conteúdo da senha é a língua da sentinela mesma. Toda linguagem superior é tradução de uma linguagem inferior, até que se desdobre, em sua última clareza, a palavra de Deus, que é a unidade desse movimento da linguagem.

(1916)

Tradução de Susana Kampff Lages

O idiota de Dostoiévski

O destino do mundo se apresenta a Dostoiévski no *meio* [*Medium*][32] que lhe oferece o destino de seu povo. Esta é a abordagem típica dos grandes nacionalistas, para quem a humanidade só pode se desenvolver no *meio* da índole nacional. A grandeza do romance se mostra na interdependência absoluta com a qual as leis metafísicas que presidem ao desenvolvimento da humanidade e da nação são apresentadas. Por isso, não há nenhuma emoção da vida humana profunda que não encontre seu lugar decisivo na aura do espírito russo. Apresentar essa emoção humana mergulhada em sua aura, flutuando livre e solta dentro do elemento nacional, e ainda assim inseparável dele bem como de seu lugar específico — esta talvez seja a quintessência da liberdade na grande arte desse escritor. Só é possível reconhecer esse aspecto quando se toma consciência da horrível junção de elementos díspares que compõem, mal ou bem, a personagem romanesca do gênero baixo. Nela se fundem a figura nacional, o homem da terra natal, a figura individual e a social, numa colagem pueril à qual se aplica, para completar o manequim, a cros-

---

[32] Ver nota 24, no ensaio "Sobre a linguagem em geral e sobre a linguagem do homem", neste volume. (N. da E.)

ta repulsiva dos elementos psicologicamente palpáveis. A psicologia das personagens dostoievskianas, ao contrário, não é em absoluto aquilo que constitui o ponto de partida do escritor. Ela é por assim dizer apenas uma delicada esfera, na qual a pura humanidade se cria na incandescência daquele gás primevo que é o elemento nacional. A psicologia é somente a expressão de uma existência-limite do ser humano. Na realidade, o que se apresenta como um problema psicológico para a mente de nossos críticos é justamente outra coisa, pois não se trata de uma "psique" russa, nem da de um epilético. A crítica só pode justificar seu direito de abordar a obra de arte se respeita o terreno próprio da obra e evita penetrar nele. Ora, uma transgressão a tal ponto insolente é o elogio que se faz a um autor pela psicologia de suas personagens, tornando críticos e autores dignos uns dos outros apenas porque o romancista médio utiliza aqueles chavões gastos aos quais depois a crítica poderá dar um nome e que, justamente pelo fato de poder nomear, irá elogiar. É precisamente desta esfera que a crítica deve manter-se afastada. Seria vergonhoso e falso avaliar a obra de Dostoiévski a partir de tais conceitos. Deve-se, em compensação, procurar apreender a identidade metafísica que tanto o elemento nacional quanto o elemento humano assumem na ideia dostoievskiana de criação.

Pois este romance, como toda obra de arte, baseia-se numa ideia, ele "possui um ideal *a priori*, carrega em si uma necessidade de existir", como diz Novalis, e ao crítico cabe evidenciar justamente essa necessidade e nenhuma outra. O fato de ser um episódio é o que confere a todos os acontecimentos do romance seu caráter fundamental. Trata-se de um episódio na vida do protagonista, o príncipe Míchkin. Sua vida antes e depois deste episódio permanece essencialmente na obscuridade, até porque ele se encontra no estrangeiro nos anos que precedem e que se seguem ao episódio. Que necessidade impele este homem a vol-

O idiota de Dostoiévski

tar para a Rússia? Sua vida russa se destaca dos tempos obscuros passados no estrangeiro da mesma forma como a faixa visível do espectro da luz surge da escuridão. Mas que luz se decompõe durante essa sua vida russa? Afora seus muitos erros e alguns acertos, seria impossível dizer o que de fato ele começou a fazer nesse período. Sua vida transcorre inutilmente, até em seus melhores momentos, como a de um enfermo impotente. Ela é um fracasso não apenas segundo as normas da sociedade: nem mesmo seu amigo mais próximo — apesar de, no fundo, os acontecimentos demonstrarem que ele não tem amigos — seria capaz de encontrar nela qualquer ideia ou meta que lhe sirva de norte. Ao contrário, sem que isso chame a atenção, lá está ele, mergulhado na mais completa solidão: todas as relações em que está implicado parecem logo entrar no campo de uma força que impede qualquer aproximação. A sua mais perfeita modéstia, sua humildade mesmo, faz com que esse homem permaneça inteiramente inabordável, e sua vida irradia uma ordem, cujo centro é sua própria solidão, amadurecida a ponto de desaparecer. Com isso ocorre, de fato, algo muito estranho: por mais distantes que possam estar em relação a ele, todos os acontecimentos são atraídos para sua órbita, e é esse gravitar de todas as coisas e pessoas na direção de um único ser que constitui o conteúdo do livro. E nisso, tanto estas estão pouco inclinadas a alcançá-lo quanto ele a escapar delas. A tensão é por assim dizer simples e inexaurível, é a tensão da vida que se desenrola cada vez mais movimentada em direção ao infinito e mesmo assim não se desfaz. E por que a casa do príncipe, e não a casa dos Iepántchin, é o centro dos acontecimentos em Pávlovsk?

A vida do príncipe Míchkin se apresenta sob a forma de episódio unicamente para tornar visível de maneira simbólica a imortalidade desta vida. Sua vida não pode se extinguir de fato, assim como, não, ainda menos do que a própria vida natural, com a qual, todavia, possui uma profunda relação. A natureza talvez seja eterna, mas a vida do príncipe é certamente — e num sentido interior e espiritual, entenda-se bem — imortal. A sua vida bem como a de todos que gravitam a seu redor. A vida imortal não é a vida eterna da natureza, apesar de sua aparente proximidade, pois no conceito de eternidade está suprimida a infinitude, que, na imortalidade, alcança porém um brilho supremo. A vida imortal de que dá testemunho este romance é nada menos do que a imortalidade no sentido corrente do termo. Pois nela, a vida é, justamente, mortal, sendo porém imortais carne, força, pessoa, espírito, em suas diferentes versões. Tanto assim que Goethe falava de uma imortalidade do homem que age, ao dizer, em suas conversas com Eckermann, que a natureza tem o dever de nos fornecer um novo campo de ação quando aquele que temos aqui nos for tomado. Tudo isso está muito longe da imortalidade da vida, daquela vida que faz vibrar infinitamente sua imortalidade no sentido, vida à qual a imortalidade dá forma. Pois não é de duração que se trata aqui. Mas que vida é essa imortal, se não é a da natureza e nem a da pessoa? Do príncipe Míchkin, ao contrário, pode-se dizer que sua pessoa se retira para detrás de sua vida como a flor para detrás de seu perfume ou a estrela para detrás de sua cintilação. A vida imortal é inesquecível, esse é o sinal que nos permite reconhecê-la. É a vida que, sem monumento e sem lembrança, mesmo sem testemunho, deveria ser inesquecida. Não pode ser esquecida. Esta vida permanece, por assim dizer, sem recipiente nem forma, a imperecível. E dizer "inesquecível" significa mais do que dizer que não podemos esquecê-la; é remeter a algo que está na essência do inesquecível mesmo, por meio do que ele é inesquecível. Até a falta de memória do príncipe durante sua doença posterior é símbolo do inesquecível de sua vida, pois ela está aparentemente mergulhada no abismo da rememoração de si, do qual não mais emergirá. Os outros vêm visitá-lo. O breve relato final do romance marca todas as personagens para sempre com o selo dessa vida na qual tomaram parte, sem saber como.

Mas a palavra pura para expressar a vida em sua imortalidade é: juventude. Eis aí a grande queixa de Dostoiévski neste livro: o fracasso do movimento da juventude. Sua vida permanece imortal, mas ela se perde em sua própria luz: "o idiota". Dostoiévski queixa-se de que a Rússia não seja capaz de reter sua própria vida imortal — pois essas pessoas carregam em si o coração juvenil da Rússia —, de absorvê-la. Ela cai em solo estrangeiro, transborda e afunda nas areis da Europa, "dessa Europa leviana". Da mesma forma como Dostoiévski, enquanto pensador político, vê sempre a última esperança na regeneração que se dá no interior da pura comunidade popular, o escritor de *O idiota* vê na criança a única salvação para os jovens e para seu país. Isso se tornaria evidente a partir deste livro, no qual as figuras de Kólia e do príncipe são as mais puras em sua essência infantil, ainda que Dostoiévski não tivesse desenvolvido em *Os irmãos Karamázov* a infinita potência de salvação operada pela vida infantil. O sofrimento dessa juventude é a infância ferida, justamente porque a infância ferida do homem russo e da terra russa paralisou sua força. Retorna sempre claramente em Dostoiévski a ideia de que o nobre desdobramento da vida humana a partir da vida popular emerge somente a partir do espírito da criança. Na língua falha da criança se desmancha, por assim dizer, a fala dos seres dostoievskianos, e em uma nostalgia exacerbada da infância — para falar em termos modernos, em histeria — consomem-se, sobretudo, as figuras femininas desse romance: Lisavieta Prokófievna, Aglaia e Nastácia Filíppovna. Todo o movimento do livro se assemelha ao terrível desmoronamento de uma cratera. Por falta de natureza e de infância, a humanidade só pode ser alcançada num movimento catastrófico de autoaniquilamento.

Escritos sobre mito e linguagem

A relação entre a vida humana e o ser vivo até o seu declínio, o insondável abismo da cratera, de onde um dia poderiam ser descarregadas forças poderosas, de grande humanidade, tal é a esperança do povo russo.

(1917)

Tradução de Susana Kampff Lages

Sobre a pintura
ou Signo e mancha[33]

A. O signo [*Das Zeichen*]

A esfera do signo abrange vários domínios, que se caracterizam pela diferente significação que neles a linha possui. Tais significações são: a linha da geometria, a linha do signo escrito, a linha gráfica, a linha do signo absoluto (a linha mágica *enquanto tal*, quer dizer, independente do que ela, porventura, represente).

a-b) A linha da geometria e a dos signos escritos não serão consideradas no presente contexto;

c) A linha gráfica. A linha gráfica é determinada por oposição à superfície; nessa linha, tal oposição não possui apenas uma significação visual, mas também uma significação metafísica. Pois o fundo se ordena conforme a linha gráfica. Esta de-

---

[33] Em alemão, *Zeichen* — "signo", "sinal" — remete diretamente a *zeichnen*, "desenhar", assim como em português também estão estreitamente relacionados *signo, desígnio, desenho*. Já o termo "mancha" em alemão, *Mal*, remete diretamente à "pintura", *Malerei*, o que não ocorre em português. (N. da E.)

signa a superfície e com isso a determina na medida em que se ordena a si mesma, como também a seu fundo. Inversamente, uma linha gráfica só existe sobre esse fundo, de modo que, por exemplo, um desenho que cobrisse inteiramente seu fundo cessaria de ser um desenho. Assim é atribuído ao fundo um lugar determinado e indispensável ao sentido do desenho, de modo que, no interior da obra gráfica, duas linhas só podem determinar sua relação mútua por comparação com seu fundo, um fenômeno, aliás, no qual a diferença entre linha gráfica e linha geométrica sobressai com especial clareza. — A linha gráfica confere identidade a seu fundo. A identidade que tem o fundo de um desenho é completamente diferente daquela da superfície branca de papel sobre a qual o desenho se encontra, e à qual deveria até mesmo ser negada, caso se conceba essa superfície como um fluxo (eventualmente não perceptível a olho nu) de ondulações brancas. O desenho puro não altera a função graficamente significante de seu fundo ao "economizá-lo" enquanto fundo cromático branco. Isso esclarece por que em certas circunstâncias a representação das nuvens e do céu em um desenho possa ser perigosa e, por vezes, a pedra-de-toque para julgar a pureza de seu estilo.

d) O signo absoluto. Para compreendermos o signo absoluto, isto é, a essência mitológica do signo, deveríamos saber algo sobre aquela esfera, inicialmente mencionada, do signo em geral. De todo modo, essa esfera provavelmente não é um *meio*,[34] mas representa uma ordem que, por enquanto, muito provavelmente, nos é inteiramente desconhecida. Todavia, o que chama

---

[34] No original, *Medium*. Ver nota 24, no ensaio "Sobre a linguagem em geral e sobre a linguagem do homem", neste volume. (N. da E.)

a atenção é a oposição entre a natureza do signo absoluto e a da mancha absoluta. Essa oposição, que de um ponto de vista metafísico é de *imensa* importância, ainda está por ser investigada. O signo parece implicar uma relação nitidamente mais espacial e ligar-se mais à pessoa; a mancha (como veremos) parece possuir uma significação mais temporal, excluindo praticamente qualquer aspecto pessoal. Signos absolutos são, por exemplo, a marca de Caim, o sinal com que foram marcadas as casas dos israelitas quando a décima praga se abateu sobre o Egito, o sinal presumivelmente semelhante em *Ali Babá e os quarenta ladrões*.[35] Com as necessárias reservas, pode-se a partir desses casos supor que o signo absoluto possui prevalentemente uma significação espacial e pessoal.

B. A mancha

a) A mancha absoluta. Tudo o que se pode descobrir sobre a natureza da mancha absoluta, isto é, sobre a essência mítica da mancha, se é que se pode descobrir algo a esse respeito, será de relevo para o conjunto da esfera da mancha, por oposição à do signo. A primeira diferença fundamental que se pode constatar está no fato de o signo ser impresso, de fora para dentro, ao passo que a mancha se destaca, de dentro para fora. Isso indica que a esfera da mancha é a de um *meio*. Enquanto o signo absoluto não aparece preponderantemente no que é vivo, mas deixa sua marca em objetos inanimados, como construções, árvores, a man-

---

[35] Benjamin refere-se, provavelmente, ao episódio em que um dos ladrões faz um sinal na porta da casa de Ali Babá para que a mesma pudesse ser reconhecida. (N. da E.)

cha se manifesta, sobretudo, em seres vivos (nas chagas de Cristo, no rubor, talvez na lepra, nos sinais de nascença). Não há oposição entre mancha e mancha absoluta, pois a mancha é sempre absoluta, e em sua manifestação não se assemelha a qualquer outra coisa. Chama particularmente a atenção o fato de que, quando aparece nos seres vivos, a mancha seja com tanta frequência associada à culpa (rubor) ou à inocência (chagas de Cristo); e mesmo quando se manifesta em objetos inanimados (o halo solar na peça *Advento*, de Strindberg) é frequentemente um sinal de advertência sobre a culpa. Nesse sentido, porém, ela aparece simultaneamente ao signo (Belsazar[36]) e a grandiosidade desse fenômeno reside em grande parte na conjunção dessas duas formações, que só a Deus pode ser atribuída. Na medida em que a conexão entre culpa e expiação é, do ponto de vista temporal, mágica, essa magia *temporal* aparece sobretudo na mancha, no sentido em que a resistência do presente entre o passado e o futuro é eliminada, irrompendo passado e futuro numa conexão mágica sobre o pecador. Mas o *meio* da mancha não possui unicamente essa significação temporal, ele tem simultaneamente, também, como ocorre de modo especialmente perturbador no caso do enrubescer, uma significação que desintegra a personalidade em certos elementos primitivos. Isso nos leva novamente à conexão entre mancha e culpa. O signo, por sua vez, não raro aparece como signo que distingue a pessoa, e essa oposição entre signo e mancha também parece pertencer à ordem metafísica. No que se refere à esfera da mancha *em geral* (isto é, ao *meio* da

---

[36] Walter Benjamin refere-se aqui à passagem narrada em *Daniel*, 5, na qual, durante um festim, o rei da Babilônia Belsazar, ou Baltazar, vê a palma de uma mão traçar sobre um muro algo — provavelmente entendido por Benjamin como "mancha" — que ninguém consegue decifrar. Somente Daniel, prisioneiro do rei, consegue ler os signos e interpretá-los. (N. da E.)

mancha em geral), tudo o que, no presente contexto, se poderá saber a respeito, será dito após as considerações sobre a pintura. Entretanto, tudo o que valer para a mancha absoluta é de grande importância para o *meio* da mancha em geral.

b) A pintura. A imagem pintada não possui fundo. E uma cor nunca está sobre a outra, mas aparece no máximo no *meio* da mesma. Talvez até isso seja impossível decidir, de forma que, a princípio, não se pode absolutamente diferenciar em algumas pinturas que cor está mais ao fundo, que cor está num plano mais superficial. Essa questão, porém, não tem sentido. Na pintura não existe fundo, nem há nela a linha gráfica. A limitação mútua das superfícies de cor (composição) num quadro de Rafael não repousa sobre a linha gráfica. Esse erro provém em parte da atribuição de um valor estético a um fato puramente técnico: de que antes de pintá-los, os pintores compõem seus quadros desenhando. A essência de tal composição, no entanto, nada tem a ver com a gráfica. O único caso em que linha e cor se encontram é na aguada: nela os contornos traçados pelo lápis são visíveis e a cor é aplicada de modo transparente. O fundo, mesmo colorido, é conservado.

O *meio* da pintura é designado como a mancha num sentido mais estrito; pois a pintura é um *meio*, ela é uma tal mancha, sendo que não conhece nem fundo nem linha gráfica. O problema da imagem pictórica só se coloca para aquele que compreendeu a natureza da mancha no sentido mais estrito, mas que justamente por isso se surpreende ao encontrar no quadro uma composição que ele não pode remeter em última instância a uma dimensão gráfica. Ora, o fato de que a existência de uma tal composição não seja uma aparência ilusória — que, por exemplo, o espectador de um quadro de Rafael encontre na mancha pintada configurações de pessoas, árvores, animais, não apenas casualmente ou por engano — explica-se da seguinte forma: se o quadro fosse somente mancha, seria, por isso mesmo, totalmente impossível nomeá-lo. Ora, o verdadeiro problema da pintura é que, por um lado, a imagem pictórica é sem dúvida mancha e, inversamente, que a mancha no sentido mais estrito existe somente no quadro, e, ainda mais, que a imagem pictórica, na medida em que é mancha, só é mancha na própria pintura, mas que, por outro lado, a imagem pictórica, ao ser nomeada, é relacionada *a alguma coisa que ela própria não é*, ou seja, a algo que não é mancha. Essa relação com aquilo que dá nome ao quadro, com aquilo que transcende a mancha, é produzida pela composição. Esta é a entrada de uma força superior no *meio* da mancha, força essa que, mantendo sua neutralidade, ou seja, sem em absoluto desintegrar a mancha através do elemento gráfico, encontra seu lugar dentro da mancha mesma, sem desintegrá-la, precisamente por ser incomensuravelmente superior a ela, não lhe sendo, no entanto, hostil, mas afim. Essa força é a da palavra da língua, que — invisível como tal, e revelando-se apenas na composição — se estabelece no *meio* da linguagem pictórica. A imagem pintada recebe seu nome a partir da composição. Depreende-se obviamente do que foi dito acima que mancha e composição são elementos de toda e qualquer pintura que reivindique o direito à nomeação. Mas uma imagem pictórica que não o reivindicasse cessaria de ser uma pintura, e entraria indubitavelmente no *meio* da mancha em geral, para o qual nós não podemos fazer uma representação.

As grandes épocas da pintura se diferenciam conforme a composição e o *meio*, e conforme a palavra e o modo como ela penetra na mancha. Evidentemente não se trata aqui da possibilidade de quaisquer combinações entre mancha e palavra. Por exemplo, seria possível pensar que nas pinturas de Rafael terá sido, sobretudo, o nome a penetrar a mancha; nos quadros dos

Sobre a pintura *ou* Signo e mancha

pintores de hoje penetraria mais a palavra que julga. Para compreender a conexão entre pintura e palavra é determinante a composição, ou seja, a nomeação; mas, de modo geral, o lugar metafísico de uma escola de pintura e de um quadro deve ser determinado segundo o tipo de mancha e o tipo de palavra, o que pressupõe, portanto, ao menos uma diferenciação apurada dos tipos de mancha e de palavra — diferenciação essa que ainda mal se iniciou.

c) A mancha no espaço. A esfera da mancha aparece também em formas espaciais, assim como o signo, através de uma determinada função da linha, possui indubitavelmente significação arquitetônica (e, portanto, também espacial). Tais manchas no espaço estão visivelmente associadas, já por sua significação, à esfera da mancha, mas o modo como isso ocorre deverá ser objeto de investigação mais precisa. Pois elas aparecem, sobretudo, como monumentos fúnebres ou pedras tumulares, entre os quais naturalmente apenas as figuras que não receberam forma plástica ou arquitetônica constituem manchas em sentido preciso.

(1917)

Tradução de Susana Kampff Lages

Destino e caráter

Destino e caráter são vistos, habitualmente, como tendo uma ligação causal, sendo o caráter considerado uma causa do destino. A ideia aí pressuposta é a seguinte: se, por um lado, o caráter de uma pessoa, isto é, também a sua maneira de reagir, fosse conhecido em todos os seus pormenores, e se, por outro, os acontecimentos do mundo fossem conhecidos nos domínios em que atingem esse caráter, então se poderia dizer com exatidão tanto o que aconteceria a esse caráter quanto o que seria realizado por ele. Ou seja, seu destino seria conhecido. As representações atuais não possibilitam o acesso imediato ao conceito de destino, de forma que os homens modernos — porque encontram em si mesmos, de um modo ou de outro, um saber acerca do caráter — admitem a ideia de que o caráter possa ser mais ou menos lido a partir dos traços corporais de alguém, enquanto lhes parece inaceitável a representação de que o destino de alguém possa, de maneira análoga, ser lido a partir das linhas de sua mão. Isso parece tão impossível quanto "prever o futuro"; a predição do destino parece de fato estar, sem mais, subsumida a essa categoria e o caráter, ao contrário, parece algo dado no presente e no passado, algo que seria, portanto, reconhecível. Mas, na realidade, o que afirmam aqueles que acham que têm o dom de predizer aos homens seu destino a partir de tais ou tais sig-

Escritos sobre mito e linguagem

nos é precisamente que esse destino, para quem sabe observar (para quem encontra em si um saber imediato acerca do destino em geral), já está de certo modo presente ou, para falar de modo mais cuidadoso, está à disposição. Como se pode ver, a hipótese de que um destino futuro esteja de alguma maneira "à disposição", de que tal ideia não contradiga o conceito de destino, nem que a possibilidade de predizê-lo não contradiga as forças do conhecimento humano, não é absurda. Assim como o caráter, o destino não pode ser inteiramente percebido em si mesmo, mas apenas em sinais, pois — mesmo que este ou aquele traço de caráter, este ou aquele encadeamento do destino possa se oferecer imediatamente à vista — o conjunto visado por esses conceitos não está disponível senão nos sinais, na medida em que ele se situa além do que se oferece imediatamente à vista. O sistema de traços caracterológicos limita-se em geral ao corpo (se abstrairmos o significado caracterológico daqueles sinais que o horóscopo estuda), enquanto que de acordo com a visão tradicional, podem se tornar sinais do destino, ao lado dos traços corporais, todas as manifestações da vida exterior. Mas a inter-relação entre o sinal e aquilo que ele designa constitui, em ambas as esferas, um problema cerrado e difícil, ainda que diverso em cada um desses domínios, porque, contrariamente a uma observação superficial e a uma falsa hipostasiação dos sinais, o sinal e o que ele designa não significam nos dois sistemas, caráter e destino, com base em relações causais. Um nexo de significação jamais deve ser fundado na causalidade, mesmo que, no caso em questão, estes sinais, em sua existência, possam ser causados pelo destino e pelo caráter. A seguir, não se investigará que aparência tem um tal sistema de sinais para o caráter e para o destino, mas a reflexão se dirige pura e simplesmente para o que é designado.

Parece que a concepção tradicional da essência do destino e do caráter e de suas relações não só permanece problemática, na medida em que não é capaz de tornar racionalmente concebível a possibilidade de uma predição do destino, como é falsa, pois a separação sobre a qual ela repousa é irrealizável no plano teórico. De fato, é impossível formar um conceito não contraditório de uma esfera que seria externa a um homem que age, cujo cerne, segundo a concepção tradicional, é constituído por seu caráter. Nenhum conceito de mundo exterior se deixa definir em oposição às fronteiras do conceito do homem que age. Ao contrário, entre o conceito do homem que age e o de mundo exterior, tudo é interação, seus círculos de ação se interpenetram; suas representações podem até ser muito diferentes, mas seus conceitos são inseparáveis. Não somente não se pode indicar o que, em última instância, deve valer como função do caráter e o que deve valer como função do destino em uma vida humana (essa constatação não teria aqui nenhum sentido, se os dois planos se mesclassem apenas na experiência), mas a exterioridade que o homem que age encontra pode, em princípio, ser reconduzida, em medida tão elevada quanto se queira, ao seu interior, e seu interior, ao seu exterior; mais do que isso: cada um pode ser visto como o outro. Nesta reflexão, longe de serem considerados teoricamente separados, destino e caráter coincidem. Assim também Nietzsche, quando diz: "Se alguém tem caráter, então tem também uma vivência, que sempre retorna".[37] Ou seja: se alguém tem caráter, então seu destino é, no essencial, constante.

---

[37] Em Benjamin, "*Wenn einer Charakter hat, so hat er auch ein Erlebnis, das immer wiederkehrt*". O texto correto de Nietzsche — que está em *Além do bem e do mal*, "Máximas e interlúdios", 70; KSA, 5, p. 86 — é: "*Hat man Charakter, so hat man auch sein typisches Erlebnis, das immer wiederkommt*". Na tradução de Paulo César de Souza: "Quando se tem caráter, tem-se também sua experiência típica, que sempre retorna" (São Paulo, Companhia das Letras, 1992, p. 68). (N. da E.)

Mas isso, contudo, também significa dizer: então, ele não tem nenhum destino — e os estoicos mostraram essa consequência.

Desse modo, para que se possa formular o conceito de destino, ele deve ser nitidamente separado do de caráter e isso só pode ser alcançado, em contrapartida, quando tivermos feito uma determinação precisa deste último. Devido a essa determinação, os dois conceitos tornar-se-ão completamente divergentes; onde há caráter, não deverá existir, certamente, destino e, no contexto do destino, o caráter não será encontrado. Além disso, deve-se tomar o cuidado de explicitar as esferas dos dois conceitos, de tal modo que eles não usurpem, como acontece no uso comum da linguagem, a majestade das esferas e dos conceitos superiores. O caráter, de fato, é usualmente inserido em um contexto ético, enquanto o destino, em um contexto religioso. De tais domínios eles devem ser banidos, por meio da revelação do erro que para lá os transportou. No que diz respeito ao conceito de destino, este erro se deve a sua ligação com o de culpa. Assim, para nomear um caso típico, a infelicidade fatídica é vista como a resposta de Deus ou dos deuses a uma culpabilidade religiosa. Mas, nesse caso, deveríamos refletir que falta, de fato, uma relação análoga do conceito de destino com o conceito que nos é dado, por meio da moral, juntamente com o de culpa, isto é, o conceito de inocência. Na clássica formulação grega da ideia de destino, a felicidade que cabe a um homem não é compreendida, de modo algum, como a confirmação de sua vida inocente, mas como a tentação do mais pesado endividamento, da *hybris*. No destino, com efeito, não ocorre nenhuma relação com a inocência. Existe então no destino — esta questão vai mais fundo — uma relação com a felicidade? Será a felicidade, assim como sem dúvida o é a infelicidade, uma categoria constitutiva do destino? A felicidade é, muito mais, o que liberta aquele que é feliz das cadeias do destino e da rede do seu próprio destino. Não é em vão que Hölderlin chama os deuses bem-aventurados de "sem destino". Desse modo, felicidade e bem-aventurança, assim como a inocência, conduzem para fora da esfera do destino. Mas uma ordenação cujos únicos conceitos constitutivos são os de infelicidade e culpa, e dentro da qual não há nenhuma via pensável de libertação (pois na medida em que uma coisa é destino, ela é infelicidade e culpa) — uma tal ordenação não pode ser religiosa, apesar de tudo o que o conceito mal empregado de culpa pode, neste caso, sugerir. Cabe então procurar um outro domínio, no qual única e tão somente a infelicidade e a culpa são válidas; uma balança, na qual bem-aventurança e inocência se encontram demasiado leves e se elevam no ar. Essa balança é a do direito. Este erige as leis do destino, da infelicidade e da culpa à condição de medida da pessoa; seria falso admitir que apenas a culpa se encontra neste nexo com o direito; pode-se provar, muito mais, que qualquer culpabilidade jurídica nada mais é do que uma infelicidade. Por engano, por ter sido confundida com o reino da justiça, a ordem do direito — que é apenas um resíduo do plano demoníaco na existência humana, na qual os princípios jurídicos não determinam apenas as relações entre os homens, mas também destes com os deuses — manteve-se para além do tempo que inaugurou a vitória sobre os demônios. Não foi o direito, mas a tragédia que fez emergir, pela primeira vez, a cabeça do gênio das névoas da culpa, pois na tragédia o destino demoníaco é interrompido. Não porque o encadeamento de culpa e expiação, que para o homem pagão é interminável, seja dissolvido pela purificação do homem penitente e sua reconciliação com o puro deus — mas porque, na tragédia, o homem pagão se dá conta de que é melhor que seus deuses. Este conhecimento, porém, abala a sua relação com a linguagem, esta permanece abafada. Sem se declarar, ela busca em segredo reunir sua força. Não coloca culpa e expiação bem delimitadas nos pratos da balança, mas as chacoalha e mistura. Não se trata aqui de dizer que a "ordenação ética do mundo" será novamente restaurada,[38] mas que, no estremecimento deste mundo doloroso, o homem moral, ainda mudo, ainda na minoridade — como tal, ele é chamado de "herói" — quer se pôr de pé. O paradoxo do nascimento do gênio na ausência de linguagem moral, na infantilidade moral, é o sublime da tragédia. Este é, provavelmente, o fundamento do sublime em geral, no qual é muito mais o gênio que se manifesta do que Deus. — O destino se mostra portanto quando se considera a vida de um condenado, no fundo, uma vida que primeiro foi condenada e por isso tornou-se culpada. Goethe condensou estas duas fases nas seguintes palavras: "Vocês fazem do pobre um culpado". O direito não condena ao castigo, mas à culpa. Destino é o nexo de culpa do vivente. Este nexo corresponde à constituição natural do vivente, a esta aparência ainda não totalmente dissolvida, da qual o homem está tão afastado que ele jamais mergulha nela inteiramente, mas sob o domínio da qual ele não pode senão permanecer invisível no que ele tem de melhor. Assim, no fundo, o homem não é aquele que possui um destino; o sujeito do destino é indeterminável. O juiz pode entrever o destino onde quiser; cada vez que pune, ele deve, ao mesmo tempo, às cegas, ditar um destino — destino no qual o homem jamais é atingido, mas apenas a mera vida nele que, em virtude da aparência, participa da culpa natural e da infelicidade. Na ordem do destino, esse vivente pode estar associado tanto às cartas quanto aos planetas, e a vidente serve-se da simples técnica que consiste em, por meio das coisas próximas e

---

[38] Referência crítica à concepção hegeliana de tragédia como restauração da "ordenação ética do mundo", que se encontra tanto nos *Princípios da Filosofia do Direito* quanto na *Estética*. (N. da E.)

calculáveis, próximas e certas (coisas que são impudicamente grávidas de certezas), empurrar o vivente em direção ao nexo de culpa. Assim ela apreende no signo algo sobre uma vida natural no homem, que ela tenta colocar no lugar da cabeça há pouco mencionada, do mesmo modo que, por outro lado, o homem que a consulta abdica em favor da vida culpada nele mesmo. O nexo de culpa é temporal num sentido inteiramente inapropriado, pois é completamente diferente, no modo e na medida, do tempo da redenção ou do tempo da música ou do tempo da verdade. Do estabelecimento da temporalidade particular do destino depende toda a elucidação dessas coisas. O cartomante e o quiromante ensinam, em todo caso, que esse tempo pode, a qualquer momento, tornar-se simultâneo a outro (não presente). É um tempo não independente, que é referido, como um parasita, a uma vida superior, menos ligada à natureza. Esse tempo não possui nenhum presente, pois apenas em romances ruins existem momentos fatídicos, e ele conhece o passado e o futuro somente em variações que lhe são próprias.

Existe então um conceito de destino — e ele é o autêntico, o único, que diz respeito, na mesma medida, ao destino na tragédia e às intenções da cartomante — o qual é inteiramente independente do conceito de caráter e procura sua fundamentação em uma esfera completamente diferente. O conceito de caráter também deve ser colocado em seu lugar correspondente. Não é por acaso que essas duas ordens estejam conectadas a práticas interpretativas e que, muito apropriadamente, caráter e destino se encontrem na quiromancia. Ambos dizem respeito ao homem natural, melhor dizendo: à natureza no homem, que se anuncia nos signos da natureza, dados em si mesmos ou produzidos experimentalmente. A fundamentação do conceito de caráter deverá estar relacionada, em todo caso, a uma esfera natural e que tem tão pouco a ver com a ética ou a moral como o

Escritos sobre mito e linguagem

destino com a religião. Por outro lado, o conceito de caráter deverá também ser destituído daquelas características que constituem sua ligação errônea com o conceito de destino. Esta ligação resulta de uma consideração superficial de caráter como uma rede que se forma aleatoriamente, e a partir de algum conhecimento, até tornar-se uma malha consistente. Com efeito, ao lado dos grandes traços fundamentais, o olhar mais agudo do conhecedor da alma humana deveria pretensamente descobrir traços mais sutis e mais estreitamente entrelaçados, até que aquilo que parecia uma rede se condense num tecido. Nos fios dessa trama, um entendimento fraco acreditou finalmente ter se apropriado da essência moral do caráter em questão e nele distinguir boas e más qualidades. Mas cabe à moral mostrar que jamais as qualidades, somente as ações podem ter peso moral. Todavia, a primeira impressão quer certamente outra coisa. Não apenas "ladrão", "esbanjador", "corajoso", parecem implicar também avaliações morais (aqui ainda se pode fazer abstração da aparente coloração moral dos conceitos), mas sobretudo palavras como "abnegado", "ardiloso", "vingativo", "invejoso" parecem designar traços de caráter, dos quais não se pode abstrair uma avaliação moral. Não obstante, tal abstração não apenas é exequível como necessária para se compreender o sentido dos conceitos, em cada caso. De fato, é preciso pensá-la de tal modo que a avaliação em si permaneça e perca apenas o acento moral, para dar lugar a apreciações determinadas, seja com sentido positivo ou negativo, tais como são pronunciadas as designações — sem dúvida indiferentes do ponto de vista moral — das qualidades do intelecto (como "inteligente" ou "burro").

A comédia ensina onde estas designações pseudomorais de qualidades encontram sua verdadeira esfera. No seu centro, como personagem principal da comédia de costumes, está, frequentemente, um homem que, caso estivéssemos diante de suas ações na realidade e não no palco, deveríamos chamar de patife. Mas, no palco da comédia, suas ações não têm outro interesse senão o que lhes é conferido pela luz do caráter, e este, nos casos clássicos, é objeto não de uma condenação moral, mas de grande hilaridade. As ações do herói da comédia nunca tocam seu público, nem em si mesmas, nem moralmente; suas ações interessam somente na medida em que refletem a luz do caráter. Constata-se, assim, que o grande autor de comédias, como Molière, por exemplo, não procura determinar sua personagem pela multiplicidade dos traços de caráter. Pelo contrário, a análise psicológica não permite o acesso a sua obra. Se partirmos do interesse psicológico, não há nada a enxergar, pois a avareza ou a hipocondria no *Avarento* ou no *Doente imaginário* são hipostasiadas e pressupõem toda a ação. Essas peças nada ensinam sobre hipocondria e avareza, longe de torná-las compreensíveis, elas as apresentam de modo cada vez mais tosco; se o objeto da psicologia é a vida interior do homem em sua pretensa realidade empírica, então as personagens de Molière não podem sequer ser utilizadas por ela como meios de demonstração. Nelas, o caráter se desdobra no esplendor de seu único traço — claro como um sol —, de modo tal que nenhum outro traço pode permanecer visível na sua proximidade, pois é por este ofuscado. A grandeza da comédia de costumes repousa nesse anonimato do homem e de sua moralidade, em meio ao desdobramento mais elevado do indivíduo na unicidade de seu traço de caráter. Enquanto o destino desenrola a imensa complicação da pessoa culpada, enquanto ele expõe a complicação e o elo constrangedor de sua culpa, o caráter dá, em contraposição a esta servidão mítica, a resposta do gênio. A complicação torna-se simplicidade, o *fatum*, liberdade. Pois o caráter da personagem cômica não é o do espantalho dos deterministas, ele é a luminária cujos raios tornam visível a liberdade de suas ações. — Ao dogma da culpa natural inerente à vida humana, da culpa originária cuja indissolubilidade constitui a doutrina do paganismo — e cuja ocasional dissolução se dá por meio do culto —, a isso o gênio contrapõe a visão da inocência natural do homem. Essa visão, por sua vez, também persiste no domínio da natureza; entretanto, por sua própria essência, ela está muito perto de intuições morais, e delas se aproxima num grau que a ideia oposta só atinge na forma da tragédia, que não é a única de suas formas. Mas a visão do caráter é liberadora sob todas as formas: de um modo que não pode ser explicitado aqui, ela está ligada à liberdade por via de sua afinidade com a lógica. — O traço de caráter não é então o nó na rede. Ele é o sol do indivíduo no céu incolor (anônimo) do homem, sol que lança a sombra da ação cômica. (Isso situa num contexto mais adequado a palavra profunda de Hermann Cohen,[39] segundo a qual toda ação trágica, por mais elevada que caminhe sobre seus coturnos, lança uma sombra cômica.)

Entre os antigos, os sinais fisiognomônicos, assim como todos os outros sinais divinatórios, deviam servir principalmente à perscrutação do destino, conforme a dominação da crença pagã na culpa. Tanto a fisiognomonia como a comédia foram fenômenos da nova idade do mundo, a do gênio. O nexo da fisiognomonia moderna com a antiga arte da predição se mostra ainda no acento de valor moral, infrutífero, dos seus conceitos, assim como também em sua busca por complicação analítica. Nessa perspectiva, os fisiognomonistas antigos e medievais viram mais

---

[39] Hermann Cohen (1842-1918), filósofo judeu alemão, figura de destaque do neo-kantianismo, retomou a filosofia de Kant à luz do pensamento judaico e teve grande importância para Benjamin, sobretudo para seus estudos de Kant e de ética. Benjamin volta a se referir a ele no ensaio "Para a crítica da violência", neste volume. (N. da E.)

acertadamente, na medida em que reconheceram que o caráter só pode ser compreendido sob alguns poucos conceitos fundamentais, indiferentes do ponto de vista moral, tal como, por exemplo, a doutrina dos temperamentos procurou estabelecer.

(1919)

Tradução de Ernani Chaves

A tarefa do tradutor[40]

Em hipótese alguma, levar em consideração o receptor de uma obra de arte ou de uma forma artística revela-se fecundo para o seu conhecimento. Não apenas o fato de estabelecer uma relação com determinado público ou seus representantes constitui um desvio; o próprio conceito de um receptor "ideal" é nefasto em quaisquer indagações de caráter estético, porque estas devem pressupor unicamente a existência e a essência do homem em geral. Da mesma forma, também a arte pressupõe a essência corporal e espiritual do homem; mas, em nenhuma de suas obras, pressupõe sua atenção. Nenhum poema dirige-se, pois, ao leitor, nenhum quadro, ao espectador, nenhuma sinfonia, aos ouvintes.

---

[40] No original, "*Die Aufgabe des Übersetzers*". O verbo *aufgeben*, do qual provém o substantivo *Aufgabe*, significa "entregar", no duplo sentido do termo: "dar" (*geben*) algo a alguém para que cuide disso (por exemplo, entregar uma carta ao correio), mas também dar algo a alguém, abrindo mão da posse do objeto (por exemplo, entregar uma cidade ao inimigo). A segunda acepção é mais forte no uso intransitivo do verbo: *ich gebe auf* — "renuncio", "desisto", "me entrego". Essa ambivalência está presente no substantivo *Aufgabe*, entendido como "proposta", "tarefa", "problema a ser resolvido", mas no qual ressoam também as ideias de "renúncia" e "desistência". (N. da E.)

Escritos sobre mito e linguagem

E uma tradução? Será ela dirigida a leitores que não compreendem o original? Essa questão parece explicar suficientemente a diferença de nível entre ambos no âmbito da arte. Além disso, parece ser este o único motivo possível para se dizer "a mesma coisa" repetidas vezes. O que "diz" uma obra poética? O que comunica? Muito pouco para quem a compreende. O que lhe é essencial não é comunicação, não é enunciado. E, no entanto, a tradução que pretendesse transmitir algo não poderia transmitir nada que não fosse comunicação, portanto, algo de inessencial. Pois essa é mesmo uma característica distintiva das más traduções. Mas aquilo que está numa obra literária, para além do que é comunicado — e mesmo o mau tradutor admite que isso é o essencial — não será isto aquilo que se reconhece em geral como o inapreensível, o misterioso, o "poético"? Aquilo que o tradutor só pode restituir ao tornar-se, ele mesmo, um poeta? De fato, daí deriva uma segunda característica da má tradução, que se pode definir, consequentemente, como uma transmissão inexata de um conteúdo inessencial. E assim é, sempre que a tradução se compromete a servir ao leitor. Mas se ela fosse destinada ao leitor, também o original o deveria ser. Se o original não existe em função do leitor, como poderíamos compreender a tradução a partir de uma relação dessa espécie?

A tradução é uma forma. Para apreendê-la como tal, é preciso retornar ao original. Pois nele reside a lei dessa forma, enquanto encerrada em sua traduzibilidade. A questão da traduzibilidade de uma obra possui um duplo sentido. Ela pode significar: encontrará a obra alguma vez, dentre a totalidade de seus leitores, seu tradutor adequado? Ou então, mais propriamente: admitirá ela, em conformidade com sua essência, tradução e — em consonância com o significado dessa forma — consequentemente a exigirá também? Por princípio, a primeira questão só admite uma solução problemática, sendo a da segunda apodíctica. Somente um pensamento superficial irá declarar ambas equivalentes, negando o sentido autônomo da segunda. Diante disso deve-se assinalar que certos conceitos de relação preservam todo o seu sentido, aliás, talvez mesmo seu melhor sentido, quando não são referidos *a priori* exclusivamente ao ser humano. Assim, poder-se-ia falar de uma vida ou de um instante inesquecível, mesmo que todos os homens o tivessem esquecido. Pois se sua essência exigisse não serem esquecidos, aquele predicado não conteria nada de falso, apenas uma exigência à qual os homens não correspondem e, ao mesmo tempo, também a referência a uma esfera, na qual essa exigência fosse correspondida: a uma rememoração de Deus. De maneira análoga, a traduzibilidade de composições de linguagem[41] deveria ser levada em consideração, ainda que elas fossem intraduzíveis para os homens. E, não seriam elas, até certo ponto, de fato intraduzíveis, se partirmos de um rigoroso conceito de tradução? — E é a partir de uma tal dissociação que se deve questionar, se a tradução de determinadas composições de linguagem deve ou não ser exigida. Pois vale o princípio: se a tradução é uma forma, a traduzibilidade deve ser essencial a certas obras.

A traduzibilidade é uma propriedade essencial de certas obras — o que não quer dizer que a tradução seja essencial para

---

[41] No original, "*sprachliche Gebilde*". Para *Sprachliche*, ver nota 21 no ensaio "Sobre a linguagem em geral e sobre a linguagem do homem", neste volume. No tocante a *Gebilde*, note-se que este traz em si o termo *Bild*, que designa a "imagem" em geral, e se associa neste ensaio a outros termos, como *Abbild* ("reprodução", "cópia"), *Urbild* ("original", "arquétipo", "protótipo") e *Vorbild* ("modelo", "exemplo"); relaciona-se ainda ao verbo *bilden* ("plasmar", "dar forma"), o qual enfatiza a necessidade da forma e, portanto, do limite, para a existência da obra de arte. A depender do contexto, *Gebilde* pode ser traduzido como "composição", "forma", "construção". (N. da E.)

elas, mas que uma determinada significação contida nos originais se exprime em sua traduzibilidade. É mais do que evidente que uma tradução, por melhor que seja, jamais poderá significar algo para o original. Entretanto, graças à traduzibilidade do original, a tradução se encontra com ele em íntima conexão. E, aliás, essa conexão é tanto mais íntima quanto para o próprio original ela nada mais significa. É lícito chamá-la de natural ou, mais precisamente, de conexão de vida. Como as manifestações da vida estão intimamente ligadas ao ser vivo, sem significarem nada para ele, assim a tradução procede do original. Na verdade, ela não deriva tanto de sua vida quanto de sua "sobrevida" [*Überleben*].[42] Pois a tradução é posterior ao original e assinala, no caso de obras importantes, que jamais encontram à época de sua criação seu tradutor de eleição, o estágio de sua "pervivência". A ideia da vida e da "pervivência" das obras de arte deve ser entendida em sentido inteiramente objetivo, não metafórico. O fato de que não seja possível atribuir vida unicamente à corporeidade orgânica foi intuído mesmo por épocas em que o pensamento era dos mais preconceituosos. Mas não por isso se trata de estender o império da vida sob o débil cetro da alma, da maneira tentada por Fechner; menos ainda, trata-se de poder definir a vida a partir de aspectos da animalidade, ainda menos propí-

---

[42] Nesta passagem, Benjamin emprega três substantivos: *Leben* ("vida"), *Überleben* ("sobrevivência", "sobrevida") e *Fortleben* ("o continuar a viver"). Para este último, Haroldo de Campos propôs o neologismo "pervivência", aqui mantido entre aspas. A ideia de uma continuação da vida da obra para além de sua produção e da vida do autor remete diretamente à teoria da crítica e da tradução desenvolvida pelo romantismo alemão, que fora tema do doutorado de Benjamin em 1919. Ver *O conceito de crítica de arte no romantismo alemão*, tradução de Márcio Seligmann-Silva (São Paulo, Edusp/Iluminuras, 1993). (N. da E.)

A tarefa do tradutor

cios a servirem de medida, como a sensação, que apenas ocasionalmente é capaz de caracterizá-la. É somente quando se reconhece vida a tudo aquilo que possui história e que não constitui apenas um cenário para ela, que o conceito de vida encontra sua legitimação. Pois é a partir da história (e não da natureza — muito menos de uma natureza tão imprecisa quanto a sensação ou a alma) que pode ser determinado, em última instância, o domínio da vida. Daí deriva, para o filósofo, a tarefa: compreender toda vida natural a partir da vida mais abrangente que é a história. E não será ao menos a "pervivência" das obras incomparavelmente mais fácil de reconhecer do que a das criaturas? A história das grandes obras de arte conhece sua descendência a partir das fontes, sua configuração na época do artista, e o período de sua "pervivência", em princípio eterna, nas gerações posteriores. Quando surge, essa continuação da vida das obras recebe o nome de fama. Traduções que são algo mais do que meras transmissões surgem quando uma obra tiver chegado, na continuação da sua vida, à época de sua fama. Por isso, elas não estão tanto a serviço de sua fama (como costumam alegar os maus tradutores em favor de seu trabalho) quanto lhe devem sua existência. Nelas, a vida do original alcança, de maneira constantemente renovada, seu mais tardio e mais abrangente desdobramento.

Enquanto desdobramento de uma peculiar vida elevada esse desdobramento é determinado por uma finalidade [*Zweckmässigkeit*][43] peculiar e elevada. Vida e finalidade: seu nexo, aparentemente mais tangível, mas que praticamente se subtrai ao conhecimento, é descoberto apenas onde aquele fim, para o qual

---

[43] No original, *Zweckmässigkeit*, formado a partir de *Zweck*, "meta", "fim", "propósito", e *Mässigkeit*, "em conformidade". O termo é utilizado para indicar um processo de adequação aos fins. (N. da E.)

Escritos sobre mito e linguagem

convergem todas as finalidades da vida, deixa de ser, por sua vez, buscado na esfera própria dessa vida, para ser procurado numa esfera mais elevada.[44] Todas as manifestações da vida que estão em conformidade com fins, bem como a finalidade em geral dessas manifestações, não visam, em última instância, um fim para a vida, mas sim para a expressão de sua essência, para a apresentação de seu significado. Desse modo, a finalidade da tradução consiste, por último, em expressar o mais íntimo relacionamento das línguas entre si. Ela própria não é capaz de revelar, nem é capaz de instituir essa relação oculta; pode, porém, apresentá-la, realizando-a em germe ou intensivamente. E essa apresentação de um objeto significado pela tentativa, pelo germe de sua produção, é um modo muito peculiar de apresentação, o qual dificilmente pode ser encontrado no âmbito da vida que não seja a vida da linguagem. Pois esta última conhece, nas analogias e nos signos, outros tipos de referência, além da realização intensiva, isto é, alusiva, antecipatória. — Mas aquela relação muito íntima entre as línguas, na qual se pensou, é de uma convergência muito particular. Consiste no fato de que as lín-

---

[44] Encontra-se aqui uma afirmação essencial ao pensamento do jovem Benjamin, tão contrário à valorização contemporânea da vida pela vida; a saber, que a "mera vida" (*das blosse Leben*, como escreve no ensaio "Para a crítica da violência", neste volume) não tem valor absoluto em si, como vida natural e orgânica, mas encontra sua finalidade somente para além de si mesma. No vocabulário benjaminiano da época, isso significa que, para ter valor, a vida humana deve sair do domínio da Natureza — e do mito — e adentrar o domínio da história — e da religião. Esta aproximação entre história e religião, que confronta a relação entre Natureza e mito, não deixa de assinalar o forte vínculo do pensamento do autor com o pensamento judaico, em contraposição à matriz grega da filosofia. (N. da E.)

guas não são estranhas umas às outras, sendo *a priori* — e abstraindo de todas as ligações históricas — afins naquilo que querem dizer.

Mas com essa tentativa de explicação, o pensamento parece desembocar novamente, depois de rodeios inúteis, na teoria tradicional da tradução. Se for a afinidade[45] entre as línguas o que deve se verificar nas traduções, como poderiam elas fazê-lo, senão pela transposição mais exata possível da forma e do sentido do original? Tal teoria não saberia por certo manifestar-se a respeito de como tal exatidão seria concebida e, finalmente, não poderia dar conta daquilo que é essencial em traduções. Na verdade, porém, numa tradução, a afinidade entre as línguas demonstra-se muito mais profunda e determinada do que na semelhança superficial e indefinível entre duas obras poéticas. Para compreender a autêntica relação existente entre original e tradução cabe fazer um exame, cujo propósito é absolutamente análogo ao dos argumentos com os quais a crítica epistemológica deve comprovar a impossibilidade de uma teoria da cópia ou da reprodução do objeto. Se com isto se demonstra não ser possível haver objetividade (nem mesmo a pretensão a ela) no processo do conhecimento, caso este consista apenas de cópias do real, então pode-se também comprovar não ser possível existir uma tradução, caso esta, em sua essência última, ambicione alcançar alguma semelhança com o original. Pois na sua "pervivência" (que não mereceria tal nome, se não fosse transformação e renovação de tudo aquilo que vive), o original se modifica. Existe uma maturação póstuma mesmo das palavras que já se fixaram:

---

[45] No original, *Verwandtschaft*, que pode ser traduzido tanto como "afinidade" — tal como nas *Afinidades eletivas* (*Wahlverwandtschaften*), de Goethe — ou como "parentesco", incluindo aí relações de consaguinidade. (N. da E.)

o que à época do autor pode ter obedecido a uma tendência de sua linguagem poética, poderá mais tarde esgotar-se; tendências implícitas podem surgir como novas da forma criada. Aquilo que antes era novo, mais tarde poderá soar gasto; o que antes era de uso corrente pode vir a soar arcaico. Procurar o essencial de tais mudanças (bem como das igualmente constantes modificações do sentido) na subjetividade dos pósteros, em vez de buscá-lo na vida mais íntima da linguagem e de suas obras, seria, mesmo se admitirmos o mais tosco psicologismo, confundir causa e essência de um objeto; expresso de modo mais rigoroso: seria negar um dos processos históricos mais poderosos e produtivos por impotência do pensamento. E mesmo se se pretendesse transformar o ponto final do autor no tiro de misericórdia da obra — isso não salvaria aquela defunta teoria da tradução. Assim como tom e significação das grandes obras poéticas se transformam completamente ao longo dos séculos, assim também a língua materna do tradutor se transforma. E enquanto a palavra do poeta perdura em sua língua materna, mesmo a maior tradução está fadada a desaparecer dentro da evolução de sua língua e a soçobrar em sua renovação. Tão longe a tradução está de ser a equação estéril entre duas línguas mortas que, precisamente a ela, dentre todas as formas, a ela mais propriamente compete atentar para aquela maturação póstuma da palavra estrangeira, e para as dores do parto de sua própria palavra.

Se a afinidade entre as línguas se anuncia na tradução, isso ocorre de modo distinto da vaga semelhança entre reprodução e original. Como também é evidente, em geral, que afinidade não implica necessariamente semelhança. É também nessa medida que o conceito de afinidade está em consonância, nesse contexto, com seu emprego mais restrito, sendo que em ambos os casos, ele não pode ser definido de maneira satisfatória por meio de uma identidade de proveniência, não obstante o conceito de

A tarefa do tradutor

proveniência permaneça indispensável para a definição daquele emprego mais restrito. — Onde se deveria buscar a afinidade entre duas línguas, abstraindo-se de um parentesco histórico? Certamente não na semelhança entre obras poéticas, nem tampouco na semelhança entre suas palavras. Toda afinidade meta-histórica entre as línguas repousa sobre o fato de que, em cada uma delas, tomada como um todo, uma só e a mesma coisa é visada; algo que, no entanto, não pode ser alcançado por nenhuma delas, isoladamente, mas somente na totalidade de suas intenções reciprocamente complementares: a pura língua. Pois enquanto todos os elementos isolados — as palavras, frases, nexos sintáticos — das línguas estrangeiras se excluem, essas línguas se complementam em suas intenções mesmas. Apreender com exatidão essa lei (uma das fundamentais da filosofia da linguagem) significa diferenciar, na intenção, o visado [*das Gemeinte*] do modo de visar [*die Art des Meinens*]. Em "*Brot*" e "*pain*" o visado é o mesmo; mas o modo de visar, ao contrário, não o é. Está implícito, pois, no modo de visar, o fato de que ambas as palavras significam algo diferente para um alemão e um francês, respectivamente; que, para eles, elas não são intercambiáveis e que, aliás, em última instância, almejem excluir-se mutuamente; porém, no que diz respeito ao objeto visado, tomadas em termos absolutos, elas significam a mesma e idêntica coisa. De tal forma, o modo de visar nessas duas palavras se opõe, ao passo que ele se complementa nas duas línguas das quais elas provêem. E o que se complementa nelas é o modo de visar convergindo para o que é visado. Pois, nas línguas tomadas isoladamente, incompletas, aquilo que é visado nunca se encontra de maneira relativamente autônoma, como nas palavras e frases tomadas isoladamente; encontra-se em constante transformação, até que da harmonia de todos aqueles modos de visar ele consiga emergir como pura língua. Até então, permanece oculto nas línguas. Entretanto, quando crescerem de tal forma a ponto de alcançar o fim messiânico de sua história, será à tradução — que se inflama na eterna "pervivência" das obras e no infinito reviver das línguas — que caberá pôr novamente à prova aquele sagrado crescimento das línguas: a que distância está da Revelação aquilo que elas ocultam? Em que medida pode, ciente dessa distância, o elemento oculto tornar-se presente?

Admite-se com isso, evidentemente, que toda tradução é apenas um modo algo provisório de lidar com a estranheza das línguas. Permanece vedada aos homens (ou pelo menos não pode ser aspirada imediatamente) uma solução não temporal e provisória para essa estranheza, uma solução instantânea e definitiva. De maneira mediada, contudo, é o crescimento das religiões o responsável pelo amadurecimento da semente oculta de uma língua mais elevada. Portanto, a tradução, embora não possa pretender que suas obras perdurem — e nisso diferencia-se da arte —, não nega seu direcionamento a um estágio último, definitivo e decisivo de toda construção de linguagem. Na tradução, o original cresce e se alça a uma atmosfera por assim dizer mais elevada e mais pura da língua, onde, é claro, não poderá viver por muito tempo, da mesma forma como está bem longe de alcançá-la em todas as partes de sua figura, mas à qual, de modo extraordinariamente penetrante, ele ao menos alude, indicando o âmbito predestinado e interdito da reconciliação e plenitude das línguas. Jamais o original o alcança de uma vez por todas: mas nele está o que numa tradução ultrapassa a comunicação. Em termos mais precisos, pode-se definir esse núcleo essencial como aquilo que numa tradução não pode ser, por sua vez, traduzível. Subtraia-se da tradução o que se puder em termos de informação e tente-se traduzir isso; ainda assim, restará intocável no texto aquilo a que se dirigia o trabalho do verdadeiro tradutor. Não pode ser transposto como a palavra poética do original, pois a relação que o teor[46] estabelece com a língua é completamente diversa no original e na tradução. Pois, se no original eles formam certa unidade, como casca e fruto, na tradução, a língua recobre seu teor em amplas pregas, como um manto real. Pois ela significa uma língua superior a si mesma, permanecendo com isso inadequada a seu próprio teor — poderosa e estranha. Essa fratura impede qualquer transposição e, ao mesmo tempo, a torna dispensável. Pois cada tradução de uma obra representa, a partir de um determinado período da história da língua e relativamente a determinado aspecto de seu teor, tal período e tal aspecto em todas as outras línguas. A tradução transplanta, portanto, o original para um domínio — ironicamente — mais definitivo da língua, mais definitivo ao menos na medida em que não poderá mais ser transferido de lá para parte alguma por qualquer outra transposição; poderá apenas ser alçado a ele, sempre de novo e em outras partes. Não por acaso, a palavra "ironicamente" faz lembrar argumentações dos românticos. Eles possuíram, antes de outros, uma consciência da vida das obras, cujo mais alto testemunho é dado pela tradução. Sem dúvida, eles praticamente não a reconheciam enquanto tal, dirigindo toda a sua atenção à crítica literária, a qual também representa um momento, ainda que menor, na "pervivência" das obras. Embora sua teoria praticamente não tenha se voltado para a tradução, sua grande obra de tradutores implicava um sentimento da essência e da dignidade dessa forma. Tudo leva a crer que esse sentimento não necessariamente seja mais forte no escritor;[47] aliás, talvez

---

[46] No original, *Gehalt*; a respeito, ver nota 3 em "Dois poemas de Friedrich Hölderlin", neste volume. (N. da E.)

[47] No original, *Dichter*; ver nota 4 em "Dois poemas de Friedrich Hölderlin", neste volume. (N. da E.)

Escritos sobre mito e linguagem

encontre até, no escritor, menos espaço. Nem mesmo a história sustenta o preconceito tradicional, segundo o qual todos os tradutores importantes seriam escritores, e os escritores menores, maus tradutores. Muitos dos grandes, como Lutero, Voss, Schlegel, são incomparavelmente mais importantes como tradutores do que como poetas, e outros, dentre os maiores, como Hölderlin e George, não podem ser compreendidos, em toda a abrangência de sua criação, somente sob o conceito de poetas. Muito menos como tradutores. Pois assim como a tradução é uma forma própria, também a tarefa do tradutor pode ser entendida como uma tarefa própria, podendo ser diferenciada com precisão da do escritor.

Essa tarefa consiste em encontrar na língua para a qual se traduz a intenção a partir da qual o eco do original é nela despertado. Aqui está um traço que distingue tradução e obra poética, pois a intenção desta nunca se dirige à língua enquanto tal, à sua totalidade, mas única e imediatamente a determinados contextos de teor de linguagem. Mas a tradução não se vê como a obra literária, mergulhada, por assim dizer, no interior da mata da linguagem, mas vê-se fora dela, diante dela e, sem penetrá-la, chama o original para que adentre aquele único lugar, no qual, a cada vez, o eco é capaz de reproduzir na própria língua a ressonância de uma obra da língua estrangeira. Sua intenção não só se dirige a algo diverso da obra literária, ou seja, a uma língua como um todo, partindo de uma obra de arte isolada, escrita numa língua estrangeira; mas sua própria intenção é outra: a intenção do escritor é ingênua, primeira, intuitiva; a do tradutor, derivada, última, ideativa. Pois é o grande tema da integração das várias línguas em uma única, verdadeira, que acompanha o seu trabalho. Essa língua, porém, em que as frases, obras e juízos isolados jamais se entendem — razão pela qual permanecem dependentes de tradução — é aquela na qual, entretanto, as línguas coincidem entre si, completas e reconciliadas no seu modo de visar. No entanto, se, ao contrário, existir uma língua da verdade, na qual os segredos últimos, que o pensamento se esforça por perseguir, estão guardados sem tensão e mesmo tacitamente, então essa língua da verdade é: a verdadeira língua. E é precisamente essa língua, cujo pressentimento e descrição constituem a única perfeição que o filósofo pode esperar, que se encontra, em sua intensidade, oculta nas traduções. Não existe uma musa da filosofia; nem existe uma musa da tradução. Entretanto, elas não são banalidades, como querem alguns pseudoartistas sentimentais. Pois há um engenho filosófico, cujo mais íntimo desejo é alcançar aquela língua que se anuncia na tradução: "*Les langues imparfaites en cela que plusieurs, manque la suprême: penser étant écrire sans accessoires, ni chuchotement, mais tacite encore l'immortelle parole, la diversité, sur terre, des idiomes empêche personne de proférer les mots qui, sinon se trouveraient, par une frappe unique, elle-même matériellement la vérité*".[48] Se aquilo a que aludem essas palavras de Mallarmé for rigorosamente concebível para o filósofo, a tradução encontra-se, com seus germes de uma tal língua, a meio caminho entre obra poética e doutrina. Sua obra possui relevo menos marcado do que ambas, embora imprima marcas igualmente profundas na história.

Do momento em que a tarefa do tradutor aparece sob essa luz, as vias para sua resolução ameaçam obscurecer-se de maneira

---

[48] No original, em francês. O trecho é de Mallarmé, em "Crise de vers", e tem sintaxe extremamente elíptica. Uma tradução possível: "As línguas imperfeitas nisso que muitas, falta a suprema: pensar sendo escrever sem acessórios, nem sussurro, mas tácita ainda a imortal palavra, a diversidade, sobre a terra, dos idiomas impede alguém de proferir os vocábulos que, senão se encontrariam, por uma só punção, ela mesma materialmente a verdade". (N. da E.)

Escritos sobre mito e linguagem

ainda mais impenetrável. E mais: essa tarefa, de fazer amadurecer na tradução a semente da pura língua, parece absolutamente insolúvel, incapaz de ser definida por qualquer solução. Pois não se subtrai o chão à resolução dessa tarefa, quando a reprodução do sentido cessa de ser determinante? Pois não é outro, dito de maneira negativa, o significado de tudo o que foi exposto precedentemente. Fidelidade e liberdade — liberdade na reprodução do sentido e, a serviço dessa liberdade, fidelidade à palavra — são os velhos e tradicionais conceitos presentes em qualquer discussão sobre traduções. Eles parecem não mais servir para uma teoria que procura na tradução algo diferente da mera reprodução do sentido. É verdade que seu emprego tradicional vê esses conceitos sempre num dilema insolúvel. De fato, que aporte pode trazer a fidelidade para a reprodução do sentido? A fidelidade na tradução de cada palavra isolada quase nunca é capaz de reproduzir plenamente o sentido que ela possui no original. Pois, segundo sua significação literária para o original, o sentido não se esgota no visado; ele adquire essa significação precisamente pela maneira como o visado se liga, em cada palavra específica, ao modo de visar. Costuma-se expressar isso com a fórmula: as palavras carregam uma tonalidade afetiva. Precisamente a literalidade com relação à sintaxe desmantela toda e qualquer possibilidade de reprodução do sentido, ameaçando conduzir diretamente à ininteligibilidade. Aos olhos do século XIX, as traduções hölderlinianas de Sófocles eram exemplos monstruosos de tal literalidade. Enfim, o quanto a fidelidade na reprodução da forma dificulta a reprodução do sentido é algo evidente. Em consequência disso, a exigência de literalidade não pode ser derivada do interesse na manutenção do sentido. A esta última serve muito mais — mesmo que muito menos à literatura e à língua — a indisciplinada liberdade dos maus tradutores. Portanto, essa exigência, cuja legitimidade é patente, mas

A tarefa do tradutor

cuja motivação se acha muito encoberta, deve necessariamente ser compreendida a partir de conexões mais pertinentes. Da mesma forma como os cacos de um vaso, para serem recompostos, devem encaixar-se uns aos outros nos mínimos detalhes, mas sem serem iguais, a tradução deve, ao invés de procurar assemelhar--se ao sentido do original, conformar-se amorosamente, e nos mínimos detalhes, em sua própria língua, ao modo de visar do original, fazendo com que ambos sejam reconhecidos como fragmentos de uma língua maior, como cacos são fragmentos de um vaso. E precisamente por isso, ela deve, em larga medida, abstrair do sentido, da intenção de comunicar algo, sendo-lhe o original essencial apenas pelo fato de já ter eliminado para o tradutor e sua obra o esforço e a ordem necessários à obrigação de comunicar. Também no âmbito da tradução vale: ἐυ ἀρχῇ ἦν ὁ λόγοϛ, no princípio era o Verbo. Diante do sentido, a língua da tradução tem o direito, aliás, o dever, de desprender-se, para fazer ecoar sua própria espécie de *intentio* enquanto harmonia, complemento da língua na qual se comunica, e não sua *intentio* enquanto reprodução do sentido. Por isso, o maior elogio a uma tradução, sobretudo na época de seu aparecimento, não é poder ser lida como se fosse um original em sua língua. Antes, a significação dessa fidelidade, garantida pela literalidade, é precisamente esta: que o grande anseio por uma complementação entre as línguas se expresse na obra. A verdadeira tradução é transparente, não encobre o original, não o tira da luz; ela faz com que a pura língua, como que fortalecida por seu próprio meio, recaia ainda mais inteiramente sobre o original. Esse efeito é obtido, sobretudo, por uma literalidade na transposição da sintaxe, sendo ela que justamente demonstra ser a palavra — e não a frase — o elemento originário do tradutor. Pois a frase constitui o muro que se ergue diante da língua do original e a literalidade, sua arcada.

Se fidelidade e liberdade na tradução desde sempre foram consideradas tendências opostas, mesmo essa interpretação mais profunda da primeira parece não ser capaz de concilia-las; pelo contrário, parece retirar toda a legitimidade da segunda. Pois, a que se refere a liberdade senão à restituição do sentido, que deverá deixar de ser normativa? Mas se é lícito considerar o sentido de uma composição de linguagem como idêntico ao sentido de sua comunicação, resta, para além de qualquer aspecto comunicativo, em extrema proximidade e, no entanto, infinitamente longe, velado por ele ou de modo mais claramente manifesto, fraturado por ele ou ainda mais potente, um elemento último, decisivo. Resta em todas as línguas e em suas composições, afora o elemento comunicável, um elemento não-comunicável, um elemento que — dependendo do contexto em que se encontra — é simbolizante ou simbolizado. Simbolizante apenas nas composições finitas das línguas; simbolizado, porém, no próprio devir das línguas. E o que busca apresentar-se, e mesmo, constituir-se no devir das línguas é aquele núcleo da pura língua. Se esse núcleo, mesmo oculto ou fragmentário, todavia está presente na vida como o próprio simbolizado, nas composições ele reside somente enquanto simbolizante. E se essa essencialidade última, que é a pura língua mesma, está vinculada nas línguas apenas ao linguístico e suas transformações, nas composições ela é atravessada pelo sentido pesado e alheio. Desvinculá-la desse sentido, transformar o simbolizante no próprio simbolizado, recobrar a pura língua plasmada no movimento da linguagem — esse é o único e colossal poder da tradução. No interior dessa pura língua que nada mais visa e que nada mais expressa — mas que, enquanto inexpressiva palavra criadora, é o visado em todas as línguas —, toda comunicação, todo sentido e toda intenção atingem finalmente um mesmo estrato, no qual estão destinados a extinguir-se. E a partir dele precisamente a liberdade da tradução consolida para si uma nova e mais alta legitimidade. Essa liberdade não deve sua existência ao sentido da comunicação, do qual justamente a fidelidade tem a tarefa de se emancipar a tradução. Mais do que isso, essa liberdade se exerce, em nome da pura língua, na própria língua. A tarefa do tradutor é redimir, na própria, a pura língua, exilada na estrangeira, liberar a língua do cativeiro da obra por meio da recriação [*Umdichtung*]. Em nome da pura língua, o tradutor rompe as barreiras apodrecidas da sua própria língua: Lutero, Voss, Hölderlin, George ampliaram as fronteiras do alemão. — Sendo assim, o que resta de significativo para o sentido na relação entre tradução e original pode ser apreendido numa comparação: da mesma forma como a tangente toca a circunferência de maneira fugidia e em um ponto apenas, sendo esse contato, e não o ponto, que determina a lei segundo a qual ela continua sua via reta para o infinito, a tradução toca fugazmente, e apenas no ponto infinitamente pequeno do sentido do original, para perseguir, segundo a lei da fidelidade, sua própria via no interior da liberdade do movimento da língua. O verdadeiro significado dessa liberdade foi caracterizado por Rudolf Pannwitz[49] — se bem que sem nomeá-la nem fundamentá-la — em considerações que se encontram no seu *Crise da cultura europeia* e que, juntamente com as sentenças de Goethe nas notas ao *Divã ocidental-oriental*, podem muito bem ser o que de melhor se publicou na Alemanha sobre teoria da tradução. Segundo Pannwitz: *"nossas traduções (mesmo as melhores) partem de um falso princípio querem germanizar o sânscrito, o*

---

[49] O escritor e filósofo alemão Rudolf Pannwitz (1881-1969), autor de *Dyonysische Tragödien* (1913) e *Die Krisis der europaeischen Kultur* (1917), que Benjamin citará logo a seguir, ignora propositadamente, em muitas de suas obras, as maiúsculas e as vírgulas. (N. da E.)

grego, o inglês, ao invés de sanscritizar, grecizar, anglicizar o alemão. elas possuem um respeito muito maior diante dos próprios usos linguísticos do que diante do espírito da obra estrangeira [...] *o erro fundamental de quem traduz é conservar o estado fortuito da sua própria língua, ao invés de deixar-se abalar violentamente pela língua estrangeira. sobretudo quando traduz de uma língua muito distante ele deve remontar aos elementos últimos da língua mesma onde palavra imagem e som se tornam um só ele tem de ampliar e aprofundar sua língua por meio da língua estrangeira não se tem noção de em que medida isso é possível até que ponto cada língua pode se transformar e uma língua se diferencia de outra língua quase que só como um dialeto de outro dialeto e não se tomando de modo demasiado leviano mas precisamente quando são tomadas em todo o seu peso".*

Até que ponto uma tradução é capaz de corresponder à essência dessa forma, é determinado objetivamente pela traduzibilidade do original. Quanto menor o valor e a dignidade da língua do original, quanto mais este for comunicação, tanto menos a tradução tem a ganhar, até que o primado desse sentido, longe de constituir a alavanca de uma tradução formalmente acabada, a faça malograr. Quanto mais elevada for a qualidade de uma obra, tanto mais ela permanecerá — mesmo no contato mais fugidio com o seu sentido — ainda traduzível. Isso vale, é claro, apenas para os originais. Traduções, ao contrário, revelam-se intraduzíveis — não por seu peso, mas devido à excessiva fugacidade com que o sentido a elas adere. Disso, bem como de qualquer outro ponto de vista essencial, são uma confirmação as traduções de Hölderlin, especialmente as das duas tragédias de Sófocles. Nelas, a harmonia das línguas é tão profunda que o sentido só é tocado pela língua como uma harpa eólia pelo vento. As traduções de Hölderlin são arquétipos de sua forma; elas se comportam, mesmo com relação às mais perfeitas traduções dos mesmos textos, como o arquétipo em relação ao modelo, como demonstra a comparação entre as traduções de Hölderlin e de Borchardt da terceira *Ode pítica* de Píndaro. Precisamente por isso nelas reside, mais do que em outras, o monstruoso perigo originário de toda tradução: que se fechem as portas de uma língua tão ampliada e reelaborada, encerrando o tradutor no silêncio. As traduções de Sófocles foram a última obra de Hölderlin. Nelas, o sentido precipita-se de abismo em abismo, até arriscar perder-se no sem-fundo das profundezas da língua. Mas há um ponto de parada. Entretanto, este não é assegurado por nenhum outro texto que não o texto sagrado, no qual o sentido cessou de constituir o divisor de águas entre o fluxo da língua e o fluxo da Revelação. Ali onde o texto, diretamente, sem mediações, sem a intermediação de um sentido, pertencer, em sua literalidade, à língua verdadeira, à verdade ou à doutrina, ele é, por definição, traduzível. Não mais, certamente, em seu próprio nome, mas unicamente em nome das línguas. Diante disso, requer-se da tradução uma confiança tão ilimitada que, assim como no texto sagrado, língua e Revelação se unificaram, na tradução literalidade e liberdade devem obrigatoriamente unir-se, sem tensões, na forma da versão interlinear. Pois todos os grandes escritos contêm, em certa medida — em mais alto grau, porém, as Sagradas Escrituras —, a sua tradução virtual entre as linhas. A versão interlinear do texto sagrado é o arquétipo ou ideal de toda tradução.

(1921)

Tradução de Susana Kampff Lages

Para a crítica da violência[50]

A tarefa de uma crítica da violência[51] pode se circunscrever à apresentação de suas relações com o direito e com a justiça. Pois, qualquer que seja o modo como atua uma causa, ela só se transforma em violência, no sentido pregnante da palavra, quando interfere em relações éticas. A esfera dessas relações é designada pelos conceitos de direito e de justiça. Quanto ao pri-

---

[50] A tradução deste ensaio se apoiou também nas traduções já realizadas para o português — a saber, a de Willi Bolle (em Walter Benjamin, *Documentos de cultura, documentos de barbárie: escritos escolhidos*, organização e apresentação de Willi Bolle, São Paulo, Edusp/Cultrix, 1995, pp. 160-75), e a de João Barrento (Walter Benjamin, *O anjo da história*, organização e tradução de João Barrento, Lisboa, Assírio & Alvim, 2008, pp. 49-71), incorporando, em várias passagens, suas soluções. (N. da E.)

[51] O conceito de *Kritik* é empregado aqui no sentido kantiano de "delimitação dos limites", segundo a etimologia grega do verbo *krinein* — "separar", "distinguir", "delimitar" —, do qual derivam também os termos "critério" e "crise". Benjamin não escreve, portanto, um ensaio pacifista, mas tenta delimitar os vários domínios nos quais *Gewalt* (a "violência", o "poder"; ver abaixo) se exerce, em particular para refletir sobre a oposição entre o "poder-como-violência" do direito e do Estado, e a "violência-como-poder" da greve revolucionária.

O substantivo *Gewalt* provém do verbo arcaico *walten*: "imperar", "reinar", "ter poder sobre", hoje empregado quase exclusivamente em contexto remeiro destes, é claro que a relação mais elementar e fundamental de toda ordenação de direito é aquela entre fim e meios.[52] Além disso, que, em princípio, a violência só pode ser procurada na esfera dos meios, não dos fins. Com estas constatações obtêm-se mais aspectos para a crítica da violência e, todavia, talvez diferentes do que pode parecer à primeira vista. Pois, se a violência for um meio, então parece haver, sem mais, um critério para a sua crítica. Este se impõe na pergunta se a violência é em determinados casos meio para fins justos ou injustos. Sendo assim, sua crítica estaria implicitamente dada em um sistema de fins justos. Mas não é bem assim. Pois o que um tal sistema incluiria — aceitando-se a hipótese de que estivesse assegurado contra todas as dúvidas — não é um critério da violência em si mesma enquanto princípio, mas um critério para os casos de sua aplicação. Permaneceria ainda sempre aberta a questão se a violência em geral, enquanto princípio, é ética, mesmo como meio para fins justos. Desse modo, esta pergunta necessita para sua

---

ligioso. Se o uso primeiro de *Gewalt* remete a *potestas*, ao poder político e à dominação — como no substantivo composto *Staatsgewalt*, "autoridade ou poder do Estado" —, o emprego da palavra para designar o excesso de força (*vis*, em latim) que sempre ameaça acompanhar o exercício do poder, a *violência*, este se firma no uso cotidiano a partir do século XVI (daí, por exemplo, *Vergewaltigung*, "estupro"). Por essa razão, Willi Bolle traduziu o título do ensaio "Zur Kritik der Gewalt" como "Crítica da violência — Crítica do poder" (em *Documentos de cultura, documentos de barbárie: escritos escolhidos, op. cit.*) e João Barrento, como "Para uma crítica do poder como violência" (em *O anjo da história, op. cit.*). De todo modo, o que importa é ressaltar a dupla acepção do termo *Gewalt*, que indica, em si mesmo, a imbricação entre poder político e violência que constitui o pano de fundo da reflexão de Benjamin. Cabe observar ainda que, no plural, *Gewalten*, costuma ser traduzido também por "forças". (N. da E.)

[52] No original, *Mittel*; ver nota 24 do ensaio "Sobre a linguagem em geral e sobre a linguagem do homem", neste volume. (N. da E.)

decisão de um critério mais preciso, de uma diferenciação na esfera dos próprios meios, sem consideração pelos fins aos quais servem.

A eliminação deste questionamento crítico e mais preciso caracteriza uma grande tendência na filosofia do direito, talvez como sua mais marcante característica: o direito natural. Este vê na aplicação de meios violentos para fins justos tampouco um problema como o homem encontra um problema no "direito" de locomover seu corpo até um fim desejado. Segundo sua concepção (que forneceu ao terrorismo na Revolução Francesa seu fundamento ideológico) a violência é um produto da natureza, semelhante a uma matéria-prima, cuja utilização não está sujeita a nenhuma problemática, a não ser que se abuse da violência visando fins injustos. Se, de acordo com a teoria do Estado no direito natural, as pessoas abrem mão de todo seu poder em favor do Estado, isso acontece segundo o pressuposto (constatado expressamente por Espinosa no *Tratado teológico-político*,[53] por exemplo) de que o indivíduo, em si e para si — e antes de firmar esse contrato ditado pela razão —, também exerce *de jure* todo e qualquer poder que ele *de facto* tem. Estas concepções talvez tenham adquirido vida nova mais tarde graças à biologia de Darwin, a qual, de um modo inteiramente dogmático, e a par da seleção natural, considera tão somente a violência como meio originário e o único adequado para todos os fins vitais da natureza. A filosofia popular darwinista mostrou muitas vezes o quanto é pequeno o passo que leva deste dogma da história natural para o ainda mais grosseiro dogma da filosofia do direito; a sa-

---

[53] Conforme João Barrento, trata-se do capítulo 16: "Sobre os fundamentos do Estado, sobre o direito natural e civil do indivíduo e sobre o direito dos poderes superiores". (N. da E.)

Escritos sobre mito e linguagem

ber, que toda a violência que é adequada a fins quase exclusivamente naturais também já é, por isso, conforme ao direito. A esta tese do direito natural, da violência como dado da natureza, contrapõe-se diametralmente a do direito positivo, a da violência como produto do devir histórico. Se o direito natural pode julgar cada direito existente apenas por meio da crítica aos seus fins, o direito positivo, por sua vez, pode avaliar qualquer direito nascente apenas pela crítica aos seus meios. Se a justiça é o critério dos fins, assim o é a conformidade ao direito em relação aos meios. Mas, sem prejuízo desta oposição, as duas escolas se encontram num dogma comum fundamental: fins justos podem ser alcançados por meios justificados, meios justificados podem ser aplicados para fins justos. O direito natural almeja "justificar" os meios pela justiça dos fins, o direito positivo, "garantir" a justiça dos fins pela "justificação" dos meios. A antinomia se mostraria insolúvel se o pressuposto dogmático comum for falso; se, por um lado, meios justificados, e, por outro, fins justos, se encontram num conflito inconciliável. Mas nenhuma luz poderia ser vislumbrada, a esse respeito, enquanto não se sair desse círculo e não se estabelecer critérios mutuamente independentes tanto para fins justos como para meios justificados.

O domínio dos fins, e com isso também a pergunta por um critério de justiça, está por enquanto excluído desta investigação. Ao invés disso, encontra-se em seu centro a pergunta pela justificação de certos meios que constituem a violência. Princípios do direito natural não podem decidir esta pergunta, mas apenas levar a uma casuística sem fundo. Pois, se o direito positivo é cego para o caráter incondicional dos fins, então o direito natural o é para o caráter condicional dos meios. Ao contrário, a teoria positiva do direito é aceitável como fundamento hipotético no ponto de partida desta investigação, porque ela empreende uma diferenciação fundamental quanto aos tipos de violência, indepen-

Para a crítica da violência

dentemente dos casos de sua aplicação. Essa diferenciação se dá entre a violência historicamente reconhecida, a violência, assim chamada, sancionada e não sancionada. Se as reflexões que se seguem procedem dessa diferenciação, isso não significa, é claro, que formas dadas de violência podem ser classificadas em termos de serem ou não sancionadas. Pois, em uma crítica da violência, o critério para esta última, no direito positivo, não pode passar por sua aplicação, mas somente por sua avaliação. Trata-se da pergunta: o que implica para a essência da violência que tal critério ou diferença seja possível em relação a ela; ou, em outras palavras, qual o sentido desta diferenciação. Que esta diferenciação proposta pelo direito positivo faz sentido, que ela é em si inteiramente fundamentada e não pode ser substituída por outra, isso logo se mostrará; com isto, ao mesmo tempo, será lançada uma luz sobre a única esfera na qual esta diferenciação pode acontecer. Em uma palavra: se o critério que o direito positivo estabelece para a conformidade ao direito da violência só pode ser analisado segundo seu sentido, então a esfera de sua aplicação deve ser criticada segundo seu valor. Para esta crítica, deve-se então encontrar o ponto de vista externo à filosofia do direito positivo, mas também externo ao direito natural. Em que medida apenas a reflexão histórico-filosófica sobre o direito pode fornecer tal ponto de vista vai ficar claro.

O sentido da diferenciação entre a violência conforme ao direito e a não conforme ao direito não está ao alcance da mão. Deve-se evitar resolutamente o mal entendido do direito natural, segundo o qual este sentido consiste na diferenciação entre uma violência para fins justos e para fins injustos. Mais do que isso, já foi aludido que o direito positivo exige de qualquer violência um atestado de identidade quanto a sua origem histórica, de que depende, sob determinadas condições, sua conformidade ao direito, sua sanção. Na medida em que o reconhecimento das forças do direito se manifesta de maneira mais tangível fundamentalmente na submissão sem resistência a seus fins, pode-se tomar por base como classificação hipotética quanto aos tipos de violência a existência ou a falta de um reconhecimento histórico geral de seus fins. Fins que prescindem desse reconhecimento podem ser chamados de fins naturais, os outros, fins de direito. De fato, a função diversificada da violência, dependendo se ela serve a fins naturais ou de direito, deve ser desenvolvida de maneira mais clara tomando por base relações de direito determinadas, quaisquer que sejam elas. Para simplificar, as próximas observações têm como referência essas relações na Europa atual.

Nessas relações de direito, e no que diz respeito ao indivíduo enquanto sujeito do direito, a tendência característica é a de não admitir fins naturais em todos os casos em que a realização de tais fins, por parte dos indivíduos, só pode ser adequadamente alcançada pelo uso da violência. Quer dizer: esta ordenação jurídica empenha-se em erigir, em todos os domínios em que os fins dos indivíduos só podem ser adequadamente alcançados por meio da violência, fins de direito que apenas o poder jurídico pode desse modo realizar. Sim, a ordenação jurídica empenha-se em colocar limites por meio de fins de direito até mesmo em domínios nos quais os fins naturais, em princípio, estão dados de maneira bastante livre e ampla, como o domínio da educação; isto, desde que se deseje alcançar esses fins naturais com um excesso de violência, como tal ordenação age na legislação acerca dos limites para castigos educativos. Pode-se formular como máxima geral da legislação europeia atual o seguinte: todos os fins naturais dos indivíduos devem colidir com fins de direito, quando perseguidos com maior ou menor violência. (A contradição em que o direito à legítima defesa se encontra com relação a esta máxima deve se esclarecer por si no decorrer destas reflexões.) A partir desta máxima segue-se que o direito consi-

126

dera a violência nas mãos dos indivíduos um perigo capaz de solapar a ordenação de direito. Como um perigo que torna vãos os fins e a execução do direito? Certamente não; pois assim não seria a violência em si que é condenada, mas apenas aquela que é orientada para fins contrários aos de direito. Poderia se dizer que um sistema de fins de direito torna-se insustentável se em algum lugar ainda se permite que fins naturais sejam perseguidos de maneira violenta. Mas isto é, inicialmente, um mero dogma. Em contraposição, talvez se devesse levar em conta a possibilidade surpreendente de que o interesse do direito em monopolizar a violência com relação aos indivíduos não se explicaria pela intenção de garantir os fins de direito mas, isso sim, pela intenção de garantir o próprio direito; de que a violência, quando não se encontra nas mãos do direito estabelecido, qualquer que seja este, o ameaça perigosamente, não em razão dos fins que ela quer alcançar, mas por sua mera existência fora do direito. A mesma suposição pode ser sugerida, de maneira ainda mais drástica, quando se para para pensar no quanto a figura do "grande" criminoso tantas vezes suscitou a secreta admiração do povo, por mais repugnantes que tenham sido seus fins.[54] Isto se deve não a seu ato, mas sim à violência de que esse ato dá testemunho. Neste caso, com efeito, a violência que o direito atual procura retirar das mãos dos indivíduos em todos os domínios da ação

---

[54] A temática do grande criminoso e da atração que ele exerce sobre o povo é um tema comum à filosofia do direito (por exemplo, em Hegel, no parágrafo 95 da *Filosofia do Direito*, embora numa direção contrária à de Benjamin) e à literatura, em particular ao Dostoiévski de *Crime e castigo*, livro que Nietzsche tanto admirou e que Benjamin lia na época. Benjamin enxerga nessa atração, um indício da suspeita, mesmo inconsciente, que a "multidão" experimenta com relação à *justiça* do direito vigente, portanto, uma suspeita que aludiria à origem violenta do direito. (N. da E.)

aparece como realmente ameaçadora, e mesmo vencida ainda suscita a simpatia da multidão contra o direito. Por qual função a violência parece ser no fundo tão ameaçadora ao direito, e pode ser tão temida por ele, irá se mostrar justamente onde, mesmo segundo a ordenação atual do direito, seu desdobramento ainda é admitido.

Este é antes de mais nada o caso na luta de classes, na figura da garantia do direito de greve dos trabalhadores. Hoje, a classe trabalhadora organizada constitui, ao lado dos Estados, o único sujeito de direito a quem cabe um direito à violência. Contra essa perspectiva existe, todavia, a objeção de que o abster-se de ações, um não-agir, tal como é a greve em última instância, não deveria ser caracterizado de forma alguma como violência. Tal consideração, sem dúvida, também tornou mais fácil para o poder do Estado a concessão do direito de greve quando não se podia mais evitá-la. Mas tal concessão não tem vigência ilimitada, pois não é incondicional. Com certeza o abster-se de uma ação, também de um serviço, quando equivale simplesmente a um "rompimento de relações", pode ser um meio puro, inteiramente sem violência. Como na perspectiva do Estado, ou do direito, no direito à greve não é concedido aos trabalhadores o direito à violência, mas tão só o direito de se subtrair a uma violência exercida de maneira indireta pelo patrão, é possível que aconteça, aqui e ali, um caso de greve que corresponda a isso e que deva manifestar apenas um "virar as costas" ou um "alheamento" em relação ao patrão. O momento de violência, entretanto, necessariamente entra em cena na forma de chantagem em um tal abster-se de ações, quando tal abstinência ocorre no contexto de uma disposição de princípio pronta para retomar a ação suspensa sob determinadas condições que ou nada têm nada a ver com esta ação ou só modificam algo que lhe é exterior. É nesse sentido que, da perspectiva da classe trabalhadora, que se

Para a crítica da violência

contrapõe à perspectiva do Estado, o direito de greve configura o direito de empregar a violência para alcançar determinados fins. O antagonismo entre as duas concepções mostra-se de maneira muito aguda no caso da greve geral revolucionária. Nesta, a classe trabalhadora invocará sempre o seu direito à greve, mas o Estado chamará este apelo de abuso (pois o direito de greve não foi pensado "dessa maneira") e promulgará seus decretos de emergência. Com efeito, para o Estado não existem impedimentos para declarar que o exercício simultâneo da greve em todas as empresas vai contra o direito, na medida em que a greve não teve, em cada local de trabalho, seu motivo específico previsto pelo legislador. Nesta diferença de interpretação se expressa a contradição objetiva da situação de direito, na qual o Estado reconhece uma violência cujos fins, enquanto fins naturais, ele às vezes considera com indiferença, mas em caso sério (de greve geral revolucionária) com hostilidade. Por mais paradoxal que possa parecer à primeira vista, até mesmo um comportamento assumido no exercício de um direito deve, sob determinadas circunstâncias, ser caracterizado como violência. Com efeito, um tal comportamento, quando é ativo, poderá ser chamado de violência, quando exerce um direito que lhe cabe para derrubar a ordenação de direito em virtude da qual esse mesmo direito lhe foi outorgado; quando é passivo, nem por isso deve deixar de ser caracterizado como violência, quando se trata de chantagem no sentido das considerações desenvolvidas acima. Evidencia-se uma contradição objetiva apenas na situação de direito, mas não uma contradição lógica no direito, quando, sob determinadas condições, o direito reage aos grevistas, enquanto praticantes da violência, com violência. Pois na greve o que o Estado teme, mais do que todas as outras, é aquela função da violência que esta investigação pretende expor como o único fundamento seguro para sua crítica. Se violência fosse, tal como parece de início, apenas um simples meio para apoderar-se de imediato de qualquer coisa que se deseje no momento, ela só poderia atingir seu fim como violência predatória. Ela seria totalmente inapta para instaurar, ou modificar, condições relativamente estáveis. A greve, porém, mostra que a violência consegue isso, que é capaz de fundamentar e modificar relações de direito, por mais que o sentimento de justiça possa se sentir ofendido com isso. Pode-se objetar com facilidade que tal função da violência é fortuita e esporádica. Essa objeção pode ser refutada quando se considera a violência da guerra.

A possibilidade de um direito de guerra repousa exatamente nas mesmas contradições objetivas na situação de direito que a possibilidade do direito de greve — na medida em que os sujeitos de direito sancionam violências cujos fins permanecem, para aqueles que sancionam, fins naturais, e por isso podem, em casos graves, entrar em conflito com seus próprios fins de direito ou naturais. A rigor, a violência da guerra procura, antes de tudo, chegar a seus fins de maneira totalmente imediata, e enquanto violência predatória. No entanto, chama muito a atenção o fato de que mesmo — ou justamente por isso — em condições primitivas que mal conhecem primórdios de relações de direito de Estado, e mesmo nos casos em que o vencedor entrou na posse de algo agora inexpugnável, exige-se celebrar uma cerimônia de paz. De fato, a palavra "paz", quando tem o sentido correlato ao sentido de "guerra" (pois existe ainda um outro sentido inteiramente diverso, igualmente não-metafórico e político, aquele em que Kant fala de "paz perpétua"),[55] designa exatamente um tal sancionamento — necessário *a priori* — de toda e qualquer vi-

---

[55] Ver, de Immanuel Kant, *À paz perpétua*, tradução de Marco A. Zingano, Porto Alegre, L&PM, 1989. (N. da E.)

tória, e independente de todas as outras relações de direito. Esta sanção consiste precisamente em reconhecer as novas relações como um novo "direito" — isso de maneira inteiramente independente de saber se essas novas relações vão, *de facto*, necessitar de garantias para perdurar. Se é permitido deduzir que a violência da guerra, enquanto forma originária e arquetípica, é modelo para toda violência que persegue fins naturais, então é inerente a toda violência desse tipo um caráter de instauração do direito. Mais tarde se retornará à amplitude desse conhecimento. Ele explica a tendência do direito moderno, acima mencionada, de retirar, pelo menos do indivíduo enquanto sujeito de direito, qualquer violência, mesmo aquela que se dirige a fins naturais. Na figura do grande criminoso entra em cena, confrontando o direito, essa violência que ameaça instaurar um novo direito — ameaça que, embora impotente, faz, nos casos significativos, estremecer o povo, ainda hoje em dia como nas épocas arcaicas. O Estado, entretanto, teme essa violência única e simplesmente por seu caráter de instauração do direito, e, ao mesmo tempo, é obrigado a reconhecê-la como instauradora do direito quando potências estrangeiras o forçam a conceder o direito de guerra, e classes, o direito de greve.

Se, na última guerra, a crítica da violência militar tornou-se ponto de partida para uma apaixonada crítica da violência em geral — que pelo menos ensinou que a violência não pode mais ser exercida nem tolerada de maneira ingênua —, ainda assim não se tornou objeto da crítica somente por sua função de instaurar o direito, mas também, e talvez de forma mais devastadora, por uma outra função. Pois é uma duplicidade quanto à função da violência o que caracteriza o militarismo, que só chegou a ser o que é por causa do serviço militar obrigatório. O militarismo é a imposição do emprego universal da violência como meio para fins do Estado. Esta imposição do emprego da violência foi condenada recentemente com igual ou maior ênfase do que a própria aplicação da violência. Nela, a violência mostra-se numa função completamente diferente daquela de sua simples aplicação para fins naturais. A imposição consiste na aplicação da violência como meio para fins de direito. Pois a subordinação dos cidadãos às leis — no caso, à lei do serviço militar obrigatório — é um fim de direito. Se aquela primeira função da violência foi dita de instauração do direito, então esta segunda função pode ser chamada de manutenção do direito. Uma vez que o serviço militar obrigatório é um caso de aplicação da violência que mantém o direito — caso que, em princípio, não se distingue de outros —, sua crítica realmente eficaz não é tão simples como querem as declamações dos ativistas e pacifistas. Antes, ela coincide com a crítica de toda a violência de direito, ou seja, com a crítica da violência legal ou executiva, e não pode ser levada a cabo num programa mais restrito. Tão pouco — se não se quer proclamar um anarquismo francamente infantil — ser obtida pela recusa em reconhecer toda e qualquer imposição em relação à pessoa, e pela declaração, "Permitido é tudo o que agrada".[56] Tal máxima simplesmente exclui a reflexão quanto à esfera ético-histórica e, com isso, quanto a qualquer sentido da ação, e, além disso, quanto a qualquer sentido da realidade enquanto tal, sentido que não pode se constituir se a "ação" for extirpada de seu domínio. Importa mais o fato de que o apelo tão frequente ao imperativo categórico, com seu programa mínimo absolutamente incontestável — "Age de tal maneira que uses a humanidade, tanto na tua pessoa como na pessoa de qual-

---

[56] No original, "*Erlaubt ist was gefällt*", citação de *Torquato Tasso*, de Goethe, v. 994. Na tradução de João Barrento, que verteu a peça para o português, "Farás o que te agradar" (Lisboa, Relógio d'Água, 1999). (N. da E.)

quer outro, sempre e simultaneamente como fim e nunca simplesmente como meio" —,[57] não é em si suficiente para essa crítica.[58] Pois o direito positivo, quando consciente de suas raízes, com certeza reivindicará reconhecer e fomentar o interesse da humanidade na pessoa de cada indivíduo. Ele enxerga tal interesse na apresentação e na manutenção de uma ordem de destino. Assim como esta ordem, que o direito, com razão, pretende conservar, não deve ser poupada de crítica, assim também qualquer contestação dessa ordem revela-se impotente quando feita apenas em nome de uma "liberdade" sem forma, sem ser capaz de designar uma ordem superior de liberdade. E será totalmente impotente, se, ao invés de se voltar contra a ordenação de direito por inteiro, atacar apenas leis ou práticas de direito isoladas, que o direito protegerá então com seu poder [*Macht*], o qual reside no fato de que só existe um único destino e que justamente aquilo que existe, e em particular aquilo que ameaça, pertence inexoravelmente à sua ordem. Pois a violência que mantém o direito é uma violência que ameaça. Só que essa ameaça não deve ser interpretada no sentido de intimidação, como fazem teóricos liberais mal instruídos. Uma intimidação, no sentido preciso da palavra, exigiria uma determinação que contradiz a essência da ameaça e que também não pode ser obtida por nenhuma lei, pois persiste a esperança de escapar a seu braço. A

---

[57] A formulação é de Kant, na *Fundamentação da metafísica dos costumes*, aqui citada em tradução de Paulo Quintela (*Kant*, vol. II, Coleção Os Pensadores, São Paulo, Abril, 1980, p. 135). (N. da E.)

[58] Poder-se-ia pôr em dúvida, nessa célebre exigência, se seu conteúdo não é escasso demais — a saber, se é lícito usar, ou permitir que se use, a si mesmo ou a outro, sob qualquer ponto de vista, também como meio. Para tal dúvida poderiam ser encontradas boas razões. (N. de W. B.)

lei se mostra, assim, tão ameaçadora como o destino, do qual depende se o criminoso cairá ou não sob seu jugo. O sentido mais profundo da indeterminação da ameaça do direito se revelará tão só pela consideração posterior da esfera do destino, da qual esta, a ameaça, se origina. Um indício precioso dessa indeterminação se encontra no domínio das penas. Dentre elas, desde o momento em que se colocou em questão a validade do direito positivo, a pena de morte foi a que mais suscitou crítica. Embora, na maioria dos casos, os argumentos da crítica tenham sido pouco fundamentados, seus motivos foram e são questões de princípio. Sentiam os críticos, talvez sem poder explicá-lo, talvez possivelmente sem querer senti-lo, que uma contestação da pena de morte não se dirige contra uma medida punitiva, nem contra algumas leis, mas contra o próprio direito na sua origem. Se, de fato, a violência [*Gewalt*], a violência coroada pelo destino, for a origem do direito, então pode-se prontamente supor que no poder [*Gewalt*] supremo, o poder sobre a vida e a morte, quando este adentra a ordem do direito, as origens dessa ordem se destacam de maneira representativa no existente e nele se manifestam de forma terrível. Em consonância com isto, está o fato de que a pena de morte, em condições primitivas de direito, é decretada até mesmo para delitos como crimes contra a propriedade, em relação aos quais parece inteiramente "desproporcional". Pois seu sentido não é o de punir a infração do direito, mas o de instaurar o novo direito. Com efeito, mais do que em qualquer outro ato de cumprimento do direito, no exercício do poder sobre a vida e a morte é a si mesmo que o direito fortalece. Mas é precisamente aí que, ao mesmo tempo, se anuncia também algo de podre no direito, que uma sensibilidade apurada percebe com mais acuidade, porque se sabe infinitamente distante das conjunções nas quais o destino teria se mostrado, nesse ato de cumprimento, em sua própria majestade. O enten-

Para a crítica da violência

dimento, porém, deve tentar se aproximar o mais decididamente possível dessas conjunções, se quiser levar a termo tanto a crítica da violência que instaura o direito como a crítica da violência que o mantém.

Em uma combinação ainda mais contrária à natureza do que na pena de morte, numa espécie de mistura espectral, estes dois tipos de violência estão presentes em outra instituição do Estado moderno: a polícia. Esta é, com certeza, uma violência para fins de direito (com o direito de disposição), mas com a competência simultânea para ampliar o alcance desses fins de direito (com o direito de ordenar medidas). O infame de uma tal instituição — que é sentido por poucos apenas porque as competências dessa instituição raramente autorizam as intervenções mais brutais, enquanto permitem agir de maneira ainda mais cega nos domínios os mais vulneráveis e sobre indivíduos sensatos, contra os quais o Estado não é protegido por nenhuma lei — reside no fato de que nela está suspensa a separação entre a violência que instaura o direito e a violência que o mantém. Da primeira exige-se sua comprovação pela vitória, da segunda, a restrição de não se propor novos fins. A violência da polícia está isenta de ambas as condições. Ela é instauradora do direito — com efeito, sua função característica, sem dúvida, não é a promulgação de leis, mas a emissão de decretos de todo tipo, que ela afirma com pretensão de direito — e é mantenedora do direito, uma vez que se coloca à disposição de tais fins. A afirmação de que os fins da violência policial seriam sempre idênticos aos do resto do direito, ou pelo menos teriam relação com estes, é inteiramente falsa. Pelo contrário, o "direito" da polícia assinala o ponto em que o Estado, seja por impotência, seja devido às conexões imanentes a qualquer ordem de direito, não consegue mais garantir, por meio dessa ordem, os fins empíricos que ele deseja alcançar a qualquer preço. Por isso a polícia inter-

Escritos sobre mito e linguagem

vém "por razões de segurança" em um número incontável de casos nos quais não há nenhuma situação de direito clara; para não falar nos casos em que, sem qualquer relação com fins de direito, ela acompanha o cidadão como uma presença que molesta brutalmente ao longo de uma vida regulamentada por decretos, ou pura e simplesmente o vigia. Ao contrário do direito, que reconhece na "decisão" fixada no espaço e no tempo uma categoria metafísica que lhe permite ser objeto de avaliação crítica, a consideração da instituição policial não encontra nada de essencial. Sua violência não tem figura, assim como não tem figura sua aparição espectral, jamais tangível, que permeia toda a vida dos Estados civilizados. E apesar de a polícia ter o mesmo aspecto em todos os lugares, até nos detalhes, não se pode deixar de reconhecer que o seu espírito é menos devastador quando, na monarquia absoluta, ela representa o poder do soberano, que reúne em si a plenitude do poder legislativo e executivo, do que em democracias, onde sua existência, não sustentada por nenhuma relação desse tipo, dá provas da maior deformação da violência que se possa conceber.

Toda violência como meio é ou instauradora ou mantenedora do direito. Se não pode reivindicar nenhum desses predicados, ela renuncia por si só a qualquer validade. Daí resulta que toda violência como meio, mesmo no caso mais favorável, participa da problemática do direito em geral. E mesmo que, nesta altura da investigação, não se possa enxergar com certeza o alcance dessa problemática, o direito, depois do que foi dito, aparece sob uma luz ética tão ambígua, que se impõe naturalmente a pergunta se não existiriam outros meios, não-violentos, para a regulamentação dos interesses humanos em conflito. A pergunta obriga, sobretudo, a constatar que uma resolução de conflitos totalmente não-violenta jamais pode desembocar num contrato de direito. Mesmo que este tenha sido firmado pelas

Para a crítica da violência

partes contratantes de maneira pacífica, o contrato leva, em última instância, a uma possível violência. Pois o contrato dá a cada uma das partes o direito de recorrer à violência, de um modo ou de outro, contra a outra parte contratante, caso esta rompa o contrato. E não apenas isso: do mesmo modo como o seu desfecho, também a origem de qualquer contrato aponta para a violência. Esta não precisa estar imediatamente presente no contrato como violência instauradora do direito, mas está nele representada na medida em que o poder [*Macht*] que garante o contrato de direito é, por sua vez, de origem violenta, mesmo que este poder não tenha sido introduzido no contrato pela violência. Quando se apaga a consciência da presença latente da violência numa instituição de direito, esta entra em decadência. Um exemplo disso, na época atual, são os parlamentos. Eles proporcionam o lamentável espetáculo que se conhece porque perderam a consciência das forças revolucionárias às quais devem sua existência. Assim, sobretudo na Alemanha, a última manifestação de tais violências transcorreu sem consequências para os parlamentos.[59] Falta a estes o senso para a violência instauradora do direito, que neles está representada; assim, não é de estranhar que não consigam tomar decisões que sejam dignas dessa violência, mas cultivem, com a prática dos compromissos, uma maneira supostamente não violenta de tratar assuntos políticos. Ora,

---

[59] Neste ensaio de 1921, Benjamin tem em mente, entre outras coisas, acontecimentos então bastante recentes. Em novembro de 1918, a revolução alemã derrubara o Império e proclamara a República; o chanceler social-democrata Ebert logo entra em acordo com o alto comando do exército para formar "um governo capaz de restabelecer a ordem". Em consequência, em janeiro de 1919, trabalhadores berlinenses insurgentes são presos, espancados e, juntamente com os líderes Karl Liebknecht e Rosa Luxemburg, assassinados pela polícia do social-democrata Noske. (N. da E.)

Escritos sobre mito e linguagem

o compromisso permanece "um produto que, apesar de repelir qualquer violência aberta, se situa dentro da mentalidade da violência, porque o empenho que leva a fazer um compromisso não parte dele mesmo, mas vem de fora, justamente do empenho contrário, porque em qualquer compromisso, mesmo quando aceito de bom grado, não se pode fazer abstração do caráter coercitivo. 'Teria sido melhor de outra maneira' — eis a sensação que está na base de qualquer compromisso".[60] — É significativo que a deterioração dos parlamentos tenha afastado do ideal de um aplainar não-violento dos conflitos políticos um número tão grande de pessoas quanto a guerra havia conduzido a esse ideal. Aos pacifistas opõem-se os bolcheviques e os sindicalistas. Eles fizeram uma crítica arrasadora e, no seu todo, acertada dos parlamentos atuais. Por desejável e satisfatório que possa ser, comparativamente, um parlamento de alto nível, a discussão dos meios, por princípio não-violentos, de entendimento político não poderá incluir o parlamentarismo. Pois o que este consegue alcançar em questões vitais só podem ser aquelas ordenações do direito que têm a marca da violência tanto na origem como no desfecho.

Será que a resolução não-violenta de conflitos é um princípio possível? Sem dúvida. As relações entre pessoas particulares estão repletas de exemplos. Encontra-se acordo não-violento em

---

[60] Erich Unger, *Politik und Metaphysik* (Die Theorie. Versuche zu philosophischer Politik, 1 Veröffentlichung) [*Política e metafísica* (A teoria. Ensaios de política filosófica, 1ª publicação)], Berlim, 1921, p. 8. (N. de W. B.)

[Erich Unger (1887-1952) fazia parte de um círculo de intelectuais judeus, que se reunia sobretudo em Berlim, em redor da figura controvertida de Oskar Goldberg (1885-1953). Era, sem dúvida, o mentor desse grupo com que Benjamin manteve contatos esporádicos nos anos 1920.] (N. da E.)

toda parte onde o cultivo do coração deu aos homens meios puros para o entendimento. Aos meios de toda espécie que estão em conformidade com o direito e àqueles que não estão — e que são, todos, violência — podem ser confrontados, como meios puros, os não-violentos. Cortesia do coração, inclinação, amor à paz, confiança, e o que mais poderia ser citado aqui, são seu pressuposto subjetivo. Sua aparição objetiva, entretanto, é determinada pela lei (cujo enorme alcance não pode ser discutido aqui) de que meios puros não são jamais meios de soluções imediatas, mas sempre de soluções mediatas. Por isso, os meios puros nunca remetem ao aplainar de conflitos de homem a homem diretamente, mas têm de passar pela via das coisas. É nos casos em que os conflitos humanos se relacionam de maneira mais objetiva com bens materiais que se abre o domínio dos meios puros. Por essa razão, a técnica no sentido mais amplo do termo é seu campo mais apropriado. Seu exemplo mais profundo talvez seja o diálogo, considerado como técnica de civilidade no entendimento. Nele não só é possível um acordo não-violento como a exclusão, por princípio, da violência encontra explicitamente sua expressão em uma relação significativa: a de não haver punição para a mentira. Provavelmente não há nenhuma legislação sobre a terra que estipula originalmente uma tal punição. O que quer dizer que existe uma esfera da não-violência no entendimento humano que é totalmente inacessível à violência: a esfera própria da "compreensão mútua", a linguagem. Só tardiamente, e num processo singular de deterioração, a violência do direito penetrou nessa esfera ao estabelecer uma punição para o logro. Enquanto na sua origem a ordem do direito, confiando em sua violência vitoriosa, se contenta em abater a violência contrária ao direito onde esta se mostra, e o logro, como nada tem de violência em si, estava livre de punição no direito romano e no germânico antigo (segundo o princípio, *ius civile vigilantibus scriptum est*,[61] isto é, "olhos para o dinheiro"[62]), o direito de épocas posteriores, carecendo de confiança em sua própria violência, já não se sentia mais, como antes, à altura de qualquer outra violência. O medo desta e a desconfiança em relação a si mesmo são muito mais um indício de seu abalo. Ele começa a instituir fins para si mesmo, com a intenção de poupar manifestações mais fortes à violência mantenedora do direito. Volta-se, portanto, contra o logro, não por considerações morais, mas por causa do medo das ações violentas que o logro poderia desencadear na pessoa lograda. Como esse medo entra em conflito com a própria natureza violenta do direito, que vem de suas origens, esses fins são inadequados para os meios legítimos do direito. Em tais fins se mostra não apenas a deterioração da própria esfera do direito, mas ao mesmo tempo um minguar dos meios puros. Pois ao proibir o logro, o direito restringe o uso de meios inteiramente não-violentos, já que poderiam provocar a violência como reação. Essa tendência do direito também contribuiu para a concessão do direito de greve, contraditório aos interesses do Estado. O direito o concede porque inibe ações violentas, as quais teme enfrentar. Pois antes, os operários passavam diretamente à sabotagem, pondo fogo nas fábricas. — Para motivar as pessoas a buscar acordos pacíficos para seus interesses, aquém de toda ordenação do direito, existe, afinal de contas, abstraindo todas as virtudes particulares, um motivo eficaz que com frequência proporciona, até à mais renitente das vontades, aqueles meios puros, ao invés dos violentos: o temor de desvantagens comuns que ameaçam nascer do confron-

---

[61] Em latim, no original: "o direito civil foi escrito para vigilantes". (N. da E.)

[62] No original, *"Augen für Geld"*. (N. da E.)

to violento, qualquer que seja o resultado. Tais desvantagens são evidentes em inúmeros casos de conflitos de interesses entre pessoas privadas. A situação é diferente quando classes ou nações estão em disputa, porque aí aquelas ordens mais altas, que ameaçam sobrepujar igualmente o vencedor e o vencido, permanecem ocultas ao sentimento da maioria e à inteligência de quase todos. Pôr-se à procura dessas ordens mais altas e dos interesses comuns que lhes correspondem, e que seriam o motivo mais duradouro para uma política dos meios puros, levaria aqui longe demais.[63] Portanto, só podem ser apontados meios puros da política ela mesma enquanto casos análogos àqueles que regem a interação pacífica entre pessoas privadas.

Quanto às lutas de classes, a greve, sob certas condições, tem de ser considerada um meio puro. Aqui deve-se caracterizar mais detalhadamente duas modalidades essencialmente diferentes de greve, cuja possibilidade já foi evocada. Cabe a Sorel o mérito de tê-las distinguido pela primeira vez, baseando-se em considerações mais políticas do que puramente teóricas.[64] Sorel opõe à greve geral política a greve geral proletária. Entre elas também existe uma oposição em sua relação com a violência. Para os partidários da greve geral política, vale o seguinte: "A base de suas concepções é o fortalecimento do poder do Estado [*Staatsgewalt*]; em suas organizações atuais, os políticos (a saber, os so-

---

[63] Mas veja-se Unger, *op. cit.*, pp. 18 e ss. (N. de W. B.)

[64] Georges Sorel (1847-1922) deixou seu emprego de engenheiro para trabalhar exclusivamente em prol do sindicalismo revolucionário francês, publicando vários artigos reunidos no livro *Réflexions sur la violence* (1907), no qual defende teses, que ressoam no ensaio de Benjamin, a respeito da necessidade da greve geral do proletariado, da crítica aos parlamentos e da importância da noção de mito. (N. da E.)

cialistas moderados) preparam desde já a instituição de um poder forte, centralizado e disciplinado, que não se deixará perturbar pela crítica da oposição, saberá impor o silêncio e baixar seus decretos mentirosos".[65] "A greve geral política [...] demonstra como o Estado não perderá nada de sua força [*Kraft*], como o poder [*Macht*] passa de privilegiados para privilegiados, como a massa dos produtores mudará de donos".[66] Em oposição a essa greve geral política (cuja fórmula, diga-se de passagem, parece ser a da passada revolução alemã[67]), a greve geral proletária se propõe, como única tarefa, aniquilar o poder do Estado. Ela "exclui todas as consequências ideológicas de qualquer política social possível; seus partidários consideram até mesmo as reformas mais

---

[65] Georges Sorel, *Réflexions sur la violence*, 5ᵉ édition, Paris, 1919, p. 250. (N. de W. B.)

[Note-se que na tradução da frase original de Sorel, Benjamin verteu *État* não por *Staat* simplesmente, mas por *Staatsgewalt*, "poder do Estado"; *pouvoir* não por *Macht*, mas por *Gewalt*, e introduziu ainda os parênteses "(a saber, os socialistas moderados)". No original: "*Le renforcement de l'État est à la base de toutes leurs conceptions; dans leurs organisations actuelles les politiciens préparent déjà les cadres d'un pouvoir fort, centralisé, discipliné, qui ne sera pas troublé par les critiques d'une opposition, qui saura imposer le silence et qui décrétera ses mensonges*".] (N. da E.)

[66] *Op. cit.*, p. 265. (N. de W. B.)

[No original: "*La grève géneral politique nous montre comment l'État ne perdrait rien de sa force, comment la transmission se ferait de privilégiés à privilégiés, comment le peuple de producteurs arriverait à changer de maîtres*". Note-se que a tradução de Benjamin promove pequenas alterações com relação ao original: onde está *montre*, "mostra", ele diz *demonstriert*, "demonstra"; onde *peuple*, "massa"; e onde o original diz "como a transmissão se faria de privilegiados a privilegiados", ele introduz diretamente, por meio do termo *Macht*, a ideia da transmissão do poder.] (N. da E.)

[67] Benjamin refere-se à revolução alemã de novembro de 1918, logo encampada pelo partido social-democrata; ver nota 59, neste ensaio. (N. da E.)

Para a crítica da violência

populares como burguesas".[68] "Esta greve geral proclama muito claramente sua indiferença quanto ao ganho material da conquista, ao declarar que quer abolir o Estado; o Estado era de fato a razão de ser dos grupos dominantes, que tiram proveito de todos os empreendimentos cuja carga recai sobre o conjunto da população".[69] Enquanto a primeira forma de suspensão do trabalho é violenta, uma vez que provoca só uma modificação exterior das condições de trabalho, a segunda, enquanto meio puro, é não-violenta. Com efeito, esta não acontece com a disposição de retomar o trabalho depois de concessões superficiais ou de qualquer modificação das condições de trabalho, mas com a resolução de retomar apenas um trabalho totalmente transformado, sem coerção por parte do Estado, uma subversão que esse tipo de greve não apenas desencadeia, mas leva a sua completude. Por isso, a primeira modalidade de greve é instauradora do direito, a segunda, anarquista. Na esteira de algumas observações ocasionais de Marx, Sorel recusa para o movimento revolucionário qualquer tipo de programas, utopias, numa palavra, de instaurações de quaisquer formas de direito: "Com a greve geral, desaparecem todas essas belas coisas; a revolução aparece como uma revolta clara e simples, e não há lugares reservados nem

---

[68] *Op. cit.*, p. 195. (N. de W. B.)

[No original: "[*Elle*] *supprime toutes les conséquences idéologiques de toute politique sociale possible; ses partisans regardent les réformes, même les plus populaires, comme ayant un caractère bourgeois*".] (N. da E.)

[69] *Op. cit.*, p. 249. (N. de W. B.)

[No original: "*Cette grève générale marque, d'une manière trés claire, son indifférence pour les profits matériels de la conquête, en affirmant qu'elle se propose de supprimer l'État; l'État a été, en effet, (...) la raison d'être des groupes dominateurs qui profitent de toutes les entreprises dont l'ensemble de la société supporte les charges*".] (N. da E.)

Escritos sobre mito e linguagem

para os sociólogos, nem para os elegantes amadores de reformas sociais, e nem para os intelectuais que escolheram a profissão de pensar pelo proletariado".[70] A esta concepção profunda, ética e autenticamente revolucionária não se pode contrapor nenhuma ponderação que pretenda estigmatizar essa greve geral como violência, tendo em vista suas possíveis consequências catastróficas. Embora se possa dizer, com razão, que a economia atual, considerada como um todo, é comparável muito menos a uma máquina que para quando o foguista a abandona do que a uma fera que, logo que o domador lhe dá as costas, enlouquece desvairadamente — o caráter violento de uma ação não deve ser julgado segundo seus efeitos ou fins, mas apenas segundo a lei de seus meios. Sem dúvida, o poder do Estado, que tem olhos apenas para os efeitos, se contrapõe precisamente a essa modalidade de greve como se fosse violência, em contraste com as greves parciais que, na maioria das vezes, são de fato formas de chantagem. Em que medida, aliás, uma concepção tão rigorosa da greve geral enquanto tal é propícia a diminuir o desdobramento da violência propriamente dita nas revoluções, isso foi explicitado por Sorel com muito engenho. — Em contraposição, um caso notável de omissão violenta, mais imoral e bruto do que a greve geral política, comparável a um bloqueio, é a greve dos médicos, como ocorreu em diversas cidades alemães. Ali se mostra da maneira mais repugnante o uso inescrupuloso da violência, simplesmente abjeto no caso de uma classe profissional que,

---

[70] *Op. cit.*, p. 200. (N. de W. B.)

[No original: "*Avec la grève générale toutes ces belles choses disparaissent; la révolution apparaît comme une pure et simple révolte et nulle place n'est reservée aux sociologues, aux gens du monde amis des réformes sociales, aux intellectuels qui ont embrassé la* profession de penser pour le prolétariat". Em grifo no original.] (N. da E.)

Para a crítica da violência

durante anos a fio, sem a menor tentativa de resistência "garantiu à morte a sua presa",[71] para depois, na primeira ocasião, entregar deliberadamente a vida ao abandono. — De modo mais claro do que nas lutas de classes recentes, ao longo dos milênios de história dos Estados constituíram-se meios de entendimento sem violência. Só ocasionalmente, a tarefa dos diplomatas, no trato mútuo, consiste na modificação de ordenações de direito. Essencialmente, eles devem — em analogia com o entendimento entre pessoas privadas — afastar os conflitos em nome de seus países, pacificamente e sem contratos, caso a caso. Uma tarefa delicada, que é solucionada de maneira mais resoluta pelos tribunais de arbitragem e, no entanto, trata-se de um método de solução que é por princípio superior ao da arbitragem, uma vez que se situa além de toda ordem do direito e, portanto, de toda violência. Assim como o trato mútuo entre pessoas privadas, o dos diplomatas produziu formas e virtudes específicas que, mesmo que agora tenham se tornado exteriores, nem sempre foram assim.

Em todo o campo das forças [*Gewalten*] levadas em consideração pelo direito natural ou pelo direito positivo, não se encontra nenhuma que escape da grave problemática da violência do direito. Mas como qualquer representação de uma solução pensável para as tarefas humanas — sem mencionar uma redenção do círculo amaldiçoado de todas as situações existenciais já ocorridas na história mundial — é irrealizável quando se exclui, por princípio, toda e qualquer violência, impõe-se a pergunta se existem outras modalidades de violência, além daquelas consideradas por toda teoria do direito. Ao mesmo tempo, impõe-se

---

[71] Segundo Maurice de Gandillac, Benjamin alude ao fato de a classe médica, durante a guerra, trabalhar acima de tudo para repor o maior número possível de combatentes, colocando-os à disposição de seus comandos. (N. da E.)

a pergunta se é verdadeiro o dogma básico, comum àquelas teorias: fins justos podem ser alcançados por meios justificados, meios justificados podem ser aplicados para fins justos. O que aconteceria então se essa modalidade de violência, que se impõe à maneira do destino, usando meios justificados, se encontrasse num conflito inconciliável com os fins justos em si; e, ao mesmo tempo, fosse possível considerar uma outra modalidade de violência que, evidentemente, não pudesse ser nem o meio justificado nem injustificado para aqueles fins, mas se relacionaria com os fins não como meio, mas, sem que se saiba, como de maneira diferente? Assim incidiria uma luz sobre a experiência estranha e, de início, desanimadora da indecidibilidade última de todos os problemas de direito (aporia que na sua falta de perspectiva só pode ser comparada à impossibilidade de uma decisão conclusiva sobre o que é "certo" ou "errado" em línguas que se encontram em devir). Afinal, quem decide sobre a justificação dos meios e a justeza dos fins nunca é a razão, mas, quanto à primeira, a violência pertencente ao destino, e, quanto à segunda, Deus. Um ponto de vista que só é raro porque prevalece o hábito arraigado de pensar aqueles fins justos como fins de um direito possível — ou seja, não só como universalmente válidos (o que analiticamente decorre do caráter específico da justiça), mas também como passíveis de universalização, o que, como se poderia mostrar, está em contradição com esse caráter. Pois fins que são justos, universalmente reconhecíveis, universalmente válidos para uma situação, não o são para nenhuma outra, por mais parecida que possa ser sob outros aspectos. — Uma função não mediata da violência, tal como discutida aqui, se mostra já na experiência da vida cotidiana. No tocante ao homem, a cólera, por exemplo, o leva às mais patentes explosões de violência, uma violência que não se relaciona como meio a um fim predeterminado. Ela não é meio, e sim manifestação. E, de fato,

Para a crítica da violência

essa violência conhece manifestações inteiramente objetivas nas quais pode ser sujeita à crítica. Essas manifestações se encontram, de maneira muito significativa, antes de mais nada no mito.

A violência mítica em sua forma arquetípica é mera manifestação dos deuses. Não meio para seus fins, dificilmente manifestação de sua vontade; em primeiro lugar, manifestação de sua existência. Disso, a lenda de Níobe oferece um excelente exemplo.[72] É verdade que a ação de Apolo e Ártemis pode parecer apenas um castigo. Mas a violência deles é muito mais instauração de um direito do que castigo pela transgressão de um direito existente. O orgulho de Níobe atrai sobre si a fatalidade, não porque fere o direito, mas porque desafia o destino — para uma luta na qual o destino deve vencer, engendrando, somente nessa vitória, um direito. Quão pouco tal violência divina era, no sentido da Antiguidade, a violência mantenedora do direito através do castigo, fica patente nas lendas em que o herói, por exemplo, Prometeu, desafia o destino com digna coragem, luta contra ele, com ou sem sorte, e não é deixado pela lenda sem a esperança de um dia trazer aos homens um novo direito. É, no fundo, esse herói e a violência de direito do mito que lhe é intrínseca que o povo tenta presentificar, ainda nos dias de hoje, quando admira o grande criminoso. A violência desaba, portanto, sobre Níobe a partir da esfera incerta e ambígua do destino. Ela não é propriamente destruidora. Embora traga a morte san-

---

[72] Níobe, na mitologia grega, era filha de Tântalo e Dione. De seu casamento com Anfião, rei de Tebas, teve sete filhos e sete filhas. Vangloriou-se disso afirmando ser superior à deusa Leto, mãe de Apolo e de Ártemis, que, ofendida, pediu aos filhos que a vingassem. Apolo e Ártemis mataram a flechadas os sete filhos homens de Níobe, que, no entanto, continuou afrontando a deusa. Leto ordenou então que fossem mortas também as filhas de Níobe. Ver Homero, *Ilíada*, canto XXIV, vv. 605-17; Ovídio, *Metamorfoses*, VI, vv. 146-312. (N. da E.)

grenta aos filhos de Níobe, ela se detém diante da vida da mãe, deixando esta vida para trás, mais culpada do que antes por causa da morte das crianças, como portadora eterna e muda da culpa e também como marco limite entre homens e deuses. Se essa violência imediata nas manifestações míticas pode se mostrar estreitamente aparentada, ou mesmo idêntica, à violência instauradora do direito, então a partir dela incide uma luz problemática sobre esta última, na medida em que a violência instauradora do direito havia sido caracterizada acima — na exposição da violência da guerra — como uma violência apenas de meios. Ao mesmo tempo, esta conexão promete lançar uma luz mais ampla sobre o destino, que subjaz em todos os casos à violência do direito, e levar, em traços largos, sua crítica a termo. Pois a violência na instauração do direito tem uma função dupla, no sentido de que a instauração do direito almeja como seu fim, usando a violência como meio, *aquilo* que é instaurado como direito, mas no momento da instauração não abdica da violência; mais do que isso, a instauração constitui a violência em violência instauradora do direito — num sentido rigoroso, isto é, de maneira imediata — porque estabelece não um fim livre e independente da violência [*Gewalt*], mas um fim necessário e intimamente vinculado a ela, e o instaura enquanto direito sob o nome de poder [*Macht*]. A instauração do direito é instauração de poder e, enquanto tal, um ato de manifestação imediata da violência. A justiça é o princípio de toda instauração divina de fins, o poder [*Macht*] é o princípio de toda instauração mítica do direito.

Este último princípio tem uma aplicação carregada de enormes consequências no direito de Estado. Pois no seu domínio, o estabelecimento de fronteiras — objeto da "paz" de todas as guerras da era mítica — é o fenômeno originário da violência instauradora do direito em geral. Aí se mostra muito claramen-

Para a crítica da violência

te que o que é garantido pela violência instauradora do direito é o poder, muito mais do que qualquer ganho desmedido de posses. Onde se estabelecem fronteiras, o adversário não é simplesmente aniquilado, mas, mesmo quando o vencedor dispõe de poder muito superior a ele, direitos lhe são concedidos. E estes são, de maneira demoniacamente ambígua, direitos "iguais": para ambas as partes contratantes, é a mesma linha que não pode ser transgredida. Aqui aparece, em sua primordialidade terrível, a mesma ambiguidade mítica das leis que não podem ser "transgredidas" de que fala Anatole France quando diz: "Elas proíbem igualmente aos pobres e aos ricos dormir debaixo das pontes". Também Sorel parece tocar numa verdade não apenas histórico-cultural, mas metafísica, ao supor que, nos primórdios, todo direito foi um direito de prerrogativa[73] dos reis ou dos grandes, em suma: dos poderosos. E assim será, *mutatis mutandis*, enquanto existir o direito. Pois da perspectiva da violência, a única que pode garantir o direito, não existe igualdade; na melhor das hipóteses, violências de mesma grandeza. O ato de estabelecer fronteiras, ademais, é importante também para o conhecimento do direito sob outro ângulo. Fronteiras estabelecidas e circunscritas permanecem, pelo menos nos tempos primordiais, leis não escritas. O homem pode transgredi-las sem se dar conta e assim ficar sujeito à expiação. Pois toda intervenção do direito que é provocada pela transgressão da lei não escrita e desconhecida chama-se "expiação", à diferença de "castigo". Por mais que a expiação recaia de maneira desastrosa sobre aquele que não sabia, sua ocorrência se dá, no entendimento do direito, não

---

[73] No original, Benjamin joga com as palavras *Recht*, "direito", e *Vor-Recht*, "privilégio", aqui traduzido, conforme João Barrento, como "direito de prerrogativa". (N. da E.)

Escritos sobre mito e linguagem

como acaso, mas como destino que aqui se mostra mais uma vez em sua deliberada ambiguidade. Hermann Cohen, numa breve reflexão sobre a concepção de destino dos antigos, denominou-o de "conhecimento que se torna inevitável", pois "são suas próprias ordenações que parecem ocasionar e provocar essa transgressão, essa queda".[74] O princípio moderno de que o desconhecimento das leis não exime da punição dá provas desse espírito do direito, assim como a luta em prol do direito escrito, nos primeiros tempos das comunidades antigas, deve ser entendida como uma rebelião contra o espírito dos estatutos míticos.

Longe de inaugurar uma esfera mais pura, a manifestação mítica da violência imediata mostra-se, em seu núcleo mais profundo, idêntica a toda violência do direito, e transforma a suspeita quanto ao caráter problemático dessa violência em certeza quanto ao caráter pernicioso de sua função histórica, tornando tarefa a sua abolição. Tal tarefa suscita, em última instância, mais uma vez, a questão de uma violência pura, imediata, que possa estancar a marcha da violência mítica. Assim como em todos os domínios Deus se opõe ao mito, a violência divina se opõe à violência mítica. E, de fato, estas são contrárias em todos os aspectos. Se a violência mítica é instauradora do direito, a violência divina é aniquiladora do direito; se a primeira estabelece fronteiras, a segunda aniquila sem limites; se a violência mítica traz, simultaneamente, culpa e expiação, a violência divina expia a culpa; se a primeira é ameaçadora, a segunda golpeia; se a primeira é sangrenta, a divina é letal de maneira não-sangrenta. À lenda de Níobe pode-se contrapor, como exemplo desta violên-

---

[74] Hermann Cohen, *Ethik des reinen Willens* [Ética da vontade pura], 2ª ed. revista, Berlim, B. Cassirer, 1907, p. 362. (N. de W. B.)

[Ver, sobre Cohen, nota 39 neste volume.] (N. da E.)

cia, o juízo divino do bando de Coré.[75] O juízo divino atinge privilegiados, levitas, atinge sem preveni-los, golpeia sem ameaçá-los, e não hesita diante da aniquilação. Mas, ao mesmo tempo, ao aniquilar, o juízo divino expia a culpa, e não se pode deixar de ver uma profunda conexão entre o caráter não-sangrento e o caráter de expiação purificatória dessa violência. Pois o sangue é o símbolo da mera vida.[76] O desencadeamento da violência do direito remete — o que não se pode mostrar aqui de maneira mais detalhada — à culpa inerente à mera vida natural, culpa que entrega o vivente, de maneira inocente e infeliz, à expiação com a qual ele "expia" sua culpa — livrando também o culpado, não de sua culpa, mas do direito. Pois com a mera vida termina o domínio do direito sobre o vivente. A violência

---

[75] O episódio da rebelião de Coré e do castigo divino está em *Números*, 16, 1-35. (N. da E.)

[76] No original, *das blosse Leben*. O adjetivo *bloss* significa "mero", "simples", "sem nenhum suplemento". Há uma nuance entre *nackt*, que designa a nudez de uma criança que sai do corpo de sua mãe, e *bloss*, que designa o "nu" no sentido de "despido", em oposição a "coberto" com roupa ou roupagem (retórica, por exemplo). Nesse contexto, é discutível a aproximação instigante, mas talvez apressada, que Giorgio Agamben estabelece entre este ensaio de Benjamin e o conceito de "vida nua", base da biopolítica contemporânea, isto é, da intervenção da dimensão política e jurídica sobre a vida orgânica natural (em grego, *zoé*) de cada cidadão, enquanto a dimensão propriamente política, para o pensamento grego clássico, só podia interferir na vida social e comum (*bios*) dos homens (ver Giorgio Agamben, *Homo Sacer: o poder soberano e a vida nua, I*, São Paulo, Boitempo, 2004, pp. 71 e ss.).

Nesta passagem torna-se clara a convicção de Benjamin, já referida antes, de que a vida humana não tem valor absoluto em si, como "mera vida", mas somente numa dimensão que transcende o orgânico natural — ver, a propósito, nota 44 do ensaio "A tarefa do tradutor", neste volume. (N. da E.)

Escritos sobre mito e linguagem

mítica é violência sangrenta exercida, em favor próprio, contra a mera vida; a violência divina e pura se exerce contra toda a vida, em favor do vivente. A primeira exige sacrifícios, a segunda os aceita.

Esta violência divina não é atestada apenas pela tradição religiosa, mas encontra-se também na vida presente em pelo menos uma manifestação consagrada. O poder que se exerce na educação, que em sua forma plena está fora da alçada do direito, é uma de suas formas manifestas. Estas não se definem pelo fato de que Deus em pessoa exerça essa violência de modo imediato, por milagres, mas por aqueles momentos de cumprimento não-sangrento, golpeador, expiador de culpa. E, enfim, pela ausência de qualquer instauração de direito. Nesse sentido, também é justificado designar essa violência também como aniquiladora; ora, ela o é apenas de maneira relativa, com respeito a bens, direito, vida e que tais, nunca de maneira absoluta com respeito à alma do vivente. — Tal extensão da violência pura ou divina sem dúvida provocará, hoje em dia, as mais violentas invectivas; e ela será contestada com a observação de que, segundo suas deduções, ela permitiria também, condicionalmente, aos homens o uso da violência letal uns contra os outros. Isto, entretanto, não pode ser admitido. Pois a pergunta "Tenho permissão para matar?" recebe irrevogavelmente a resposta na forma do mandamento "Não matarás!". Esse mandamento precede o ato, assim como o próprio Deus precede, para que este não se realize. Mas assim como o medo da punição não deve ser o motivo para se respeitar o mandamento, este permanece inaplicável, incomensurável, em relação ao ato consumado. Do mandamento não pode ser deduzido nenhum julgamento do ato. Assim, não se pode nem prever o julgamento divino do ato, nem a razão desse julgamento. Aqueles que condenam toda e qualquer morte violenta de um homem por outro com base neste mandamento estão, portanto, enganados. O mandamento não existe como medida de julgamento, e sim como diretriz de ação para a pessoa ou comunidade que age, as quais, na sua solidão, têm de se confrontar com ele e assumir, em casos extremos, a responsabilidade de não levá-lo em conta. Assim também o compreendeu o judaísmo que recusou explicitamente a condenação do homicídio em caso de legítima defesa. — Mas aqueles pensadores remontam a um teorema mais longínquo, a partir do qual imaginam talvez fundamentar o próprio mandamento. Trata-se da tese da sacralidade da vida, quer aplicada por eles a toda a vida animal (e mesmo vegetal), quer restrita à vida humana. Sua argumentação, que toma como exemplo num caso extremo a execução revolucionária dos opressores, é a seguinte: "Se eu não matar, jamais estabelecerei o reino universal da justiça... Assim raciocina o terrorista intelectual... Porém, nós proclamamos que acima da felicidade e da justiça de uma existência... está a existência em si".[77] Tão seguro quanto esta última proposição é falsa, e mesmo ignóbil, é o fato de que ela também revela com segurança a obrigação de não mais procurar o fundamento do mandamento naquilo que o homicídio faz ao assassinado, mas no que ele faz a Deus e ao autor desse ato. É falsa e vil a proposição de que a existência teria um valor mais alto do que a existência justa, quando existência significar nada mais do que a

---

[77] Kurt Hiller, "Anti-Kain. Ein nachwort" [Anti-Caim. Um posfácio], in: *Das Ziel. Jahrbuch für geistige Politik*, ed. Kurt Hiller, vol. 3, Munique, 1919, p. 25. (N. de W. B.)

[Teórico do pacifismo radical e dos direitos dos homossexuais, Kurt Hiller (1885-1972), nascido em Berlim, de família judia, doutorou-se em Heidelberg, em 1907, com uma tese intitulada "O direito sobre si mesmo", que tratava do direito ao suicídio, ao aborto e à homossexualidade.] (N. da E.)

Escritos sobre mito e linguagem

mera vida — e é esse o sentido do termo na referida reflexão. Mas a proposição contém uma verdade poderosa, se "existência", ou melhor, "vida" (palavras cujo duplo sentido se soluciona, de maneira análoga ao da palavra "paz", conforme sua relação com duas esferas distintas) significar a condição de composto irredutível do "homem". Se a proposição quer dizer que o não-ser do homem é algo de mais terrível do que o ainda-não-ser (portanto, necessariamente, mero) do homem justo. A proposição referida acima deve sua plausibilidade a essa ambiguidade. Pois o homem não se reduz à mera vida do homem, tampouco à mera vida nele mesmo, nem à de qualquer de seus outros estados e qualidades, sim, nem sequer à singularidade de sua pessoa física. Tanto mais sagrado é o homem (ou também aquela vida nele que existe idêntica na vida terrena, na morte e na continuação da vida[78]), tanto menos o são os seus estados, a sua vida corpórea, vulnerável a outros homens. O que é que distingue essencialmente essa vida da vida das plantas e dos animais? Mesmo que estes fossem sagrados, não o seriam pela mera vida neles, nem por estarem na vida. Valeria a pena rastrear a origem do dogma da sacralidade da vida. Talvez, ou muito provavelmente, esse dogma seja recente; a derradeira errância da debilitada tradição ocidental de procurar o sagrado que ela perdeu naquilo que é cosmologicamente impenetrável. (A antiguidade de todos os mandamentos religiosos contra o homicídio não é contra-argumento, porque estes repousam sobre pensamentos outros que o do teorema moderno). Por fim, dá motivo para reflexão o fato de que aquilo que aí é dito sagrado é, segundo o antigo pensamento mítico, o portador assinalado da culpa: a mera vida.

---

[78] No original, *Fortleben*. Para a ocorrência da mesma palavra em outro contexto, ver nota 42 em "A tarefa do tradutor", neste volume. (N. da E.)

A crítica da violência é a filosofia de sua história. É a "filosofia" dessa história porque somente a ideia de seu ponto de partida permite uma tomada de posição crítica, diferenciadora e decisiva, com relação a seus momentos temporais. Um olhar dirigido apenas para as coisas mais próximas perceberá, quando muito, um movimento dialético de altos e baixos nas configurações da violência enquanto instauradora e mantenedora do direito. A lei dessas oscilações repousa no fato de que toda violência mantenedora do direito acaba, por si mesma, através da repressão das contraviolências inimigas, enfraquecendo indiretamente, no decorrer do tempo, a violência instauradora do direito, por ela representada. (Alguns sintomas disso foram apontados ao longo desta investigação). Isso dura até o momento em que novas violências ou violências anteriormente reprimidas vencem a violência até aqui instauradora do direito, fundando assim um novo direito para um novo declínio. É na ruptura desse círculo atado magicamente nas formas míticas do direito, na destituição do direito e de todas as violências das quais ele depende, e que dependem dele, em última instância, então, na destituição da violência do Estado, que se funda uma nova era histórica. Se, no presente, a dominação do mito já foi aqui e ali rompida, então o novo não se situa num ponto de fuga tão inconcebivelmente longínquo, de tal modo que uma palavra contra o direito não é inteiramente inócua. Mas se a existência da violência para além do direito, como pura violência imediata, está assegurada, com isso se prova que, e de que maneira, a violência revolucionária — nome que deve ser dado à mais alta manifestação da violência pura pelo homem — é possível. Porém não é igualmente possível nem igualmente urgente para os homens decidir quando violência pura realmente se efetivou num caso determinado. Com efeito, apenas a violência mítica, não a divina, será reconhecida como tal com certeza, a não ser por efeitos incomparáveis, pois a força expiatória da violência não é clara aos olhos dos homens. Mais uma vez, todas as formas eternas, que o mito abastardou com o direito, estão livres para a violência divina. Esta pode se manifestar na guerra verdadeira do mesmo modo como pode se manifestar o juízo de Deus proferido pela multidão acerca do criminoso. Mas toda violência mítica, instauradora do direito, que é lícito chamar de "violência arbitrária"[79] [*schaltende Gewalt*], deve ser rejeitada. É preciso rejeitar também a violência mantenedora do direito, a "violência administrada" [*verwaltete Gewalt*], que está a serviço da primeira. A violência divina, que é insígnia e selo, nunca meio de execução sagrada, pode ser chamada de "violência que reina" [*waltende Gewalt*].[80]

(1921)

Tradução de Ernani Chaves

---

[79] Entenda-se, "violência que age arbitrariamente". (N. da E.)

[80] Sobre o verbo *walten*, aqui empregado no particípio presente *waltende*, ver nota 51 deste ensaio. (N. da E.)

Léxico remissivo

afinidade — *die Verwandtschaft* — ver nota 45

arquétipo — *das Urbild* — ver nota 41

autoridade do Estado — *die Staatsgewalt* — ver nota 51

caráter mediado — *die Mittelbarkeit* — ver nota 30

compor obra literária — *dichten* — ver nota 4

composição literária — *die Dichtung* — ver nota 4

composição — *das Gebilde* — ver nota 41

comunicabilidade — *die Mitteilbarkeit* — ver nota 30

comunicação — *die Mitteilung* — ver nota 30

construção — *das Gebilde* — ver nota 41

conteúdo — *der Inhalt* — ver nota 3

continuar a viver, o — *das Fortleben* — ver nota 42

conveniente — *schicklich* — ver nota 12

cópia — *das Abbild* — ver nota 41

crítica — *die Kritik* — ver nota 51

dar forma — *bilden* — ver nota 41

delimitação de limites — *die Kritik* — ver nota 51

desenhar — *zeichnen* — ver nota 33

desistência — *die Aufgabe* — ver nota 40

destino — *das Schicksal* — ver nota 12

elevação — *die Erhebung* — ver nota 19

elevado — *erhaben* — ver nota 19

Escritos sobre mito e linguagem

elevado, o — *das Erhabene* — ver nota 19

escrever — *dichten* — ver nota 4

escritor — *der Dichter* — ver nota 4

espiritual — *geistig* — ver nota 9

exemplo — *das Vorbild* — ver nota 41

forças — *die Gewalten* — ver nota 51

forma — *das Gebilde* — ver nota 41

forma — *die Form* — ver nota 3

imagem — *das Bild* — ver nota 41

imediatidade — *der Unmittelbarkeit* — ver notas 24 e 30

imperar — *walten* — ver nota 51

intelectual — *geistig* — ver nota 9

língua — *die Sprache* — ver nota 21

linguagem — *die Sprache* — ver nota 21

linguístico — *sprachlich* — ver nota 21

luto — *die Trauer* — ver nota 31

mancha — *das Mal* — ver nota 33

meio (para determinado fim) — *das Mittel* — ver nota 24

"*meio*" — *das Medium* — ver nota 24

mero — *bloss* — ver notas 44 e 76

modelo — *das Vorbild* — ver nota 41

ocasião — *die Gelegenheit* — ver nota 11

oportunidade — *die Gelegenheit* — ver nota 11

oportuno — *das Gelegene (Gelegne)* — ver nota 11

original — *das Urbild* — ver nota 41

parentesco — *die Verwandtschaft* — ver nota 45

pervivência — *das Fortleben* — ver nota 42

pintura — *die Malerei* — ver nota 33

plasmar — *bilden* — ver nota 41

poder do Estado — *die Staatsgewalt* — ver nota 51

poder — *die Gewalt* — ver nota 51

poema — *das Gedicht* — ver nota 4

Léxico remissivo

poesia — *die Dichtung* — ver nota 4

poeta — *der Dichter* — ver nota 4

poetificado — *das Gedichtete* — ver nota 4

posição no espaço — *die Lage* — ver nota 11

processo de adequação aos fins — *die Zweckmässigkeit* — ver nota 43

proposta — *die Aufgabe* — ver nota 40

protótipo — *das Urbild* — ver nota 41

reinar — *walten* — ver nota 51

renúncia — *die Aufgabe* — ver nota 40

reprodução — *das Abbild* — ver nota 41

sagrado, o — *das Erhabene* — ver nota 19

signo — *das Zeichen* — ver nota 33

sinal — *das Zeichen* — ver nota 33

situação — *die Lage* — ver nota 11

situado — *das Gelegene (Gelegne)* — ver nota 11

sobrevida — *das Überleben* — ver nota 42

sobrevivência — *das Überleben* — ver nota 42

sublime, o — *das Erhabene* — ver nota 19

tarefa — *die Aufgabe* — ver nota 40

teor de coisa — *der Sachgehalt* — ver nota 3

teor de verdade — *der Wahrheitsgehalt* — ver nota 3

teor material — *der Sachgehalt* — ver nota 3

teor — *der Gehalt* — ver nota 3

teoria dos mídia — *der Medientheorie* — ver nota 24

ter poder sobre — *walten* — ver nota 51

tristeza — *die Trauer* — ver nota 31

vida — *das Leben* — ver notas 42, 44 e 76

violência — *die Gewalt* — ver nota 51

Escritos sobre mito e linguagem

Abbild, das — reprodução, cópia — ver nota 41

Aufgabe, die — proposta, tarefa, renúncia, desistência — ver nota 40

Bild, das — imagem — ver nota 41

bilden — plasmar, dar forma — ver nota 41

bloss — mero, simples — ver notas 44 e 76

dichten — escrever, compor obra literária — ver nota 4

Dichter, der — o poeta, o escritor — ver nota 4

Dichtung, die — poesia, composição literária — ver nota 4

erhaben — elevado, sublime — ver nota 19

Erhabene, das — o elevado, o sagrado, o sublime — ver nota 19

Erhebung, die — elevação — ver nota 19

Form, die — forma — ver nota 3

Fortleben, das — o continuar a viver, pervivência — ver nota 42

Gebilde, das — composição, forma, construção — ver nota 41

Gedicht, das — poema — ver nota 4

Gedichtete, das — poetificado — ver nota 4

Gehalt, der — teor — ver nota 3

geistig — espiritual, intelectual — ver nota 9

Gelegene, das (*Gelegne*) — situado, oportuno — ver nota 11

Gelegenheit, die — ocasião, oportunidade — ver nota 11

Gewalt, die — poder, violência — ver nota 51

Gewalten, die — forças — ver nota 51

Inhalt, der — conteúdo — ver nota 3

Kritik, die — crítica, delimitação de limites — ver nota 51

Lage, die — situação, posição no espaço — ver nota 11

Leben, das — vida — ver notas 42, 44 e 76

Mal, das — mancha — ver nota 33

Malerei, die — pintura — ver nota 33

Medientheorie, der — teoria dos mídia — ver nota 24

Medium, das — "*meio*" — ver nota 24

Mitteilbarkeit, die — comunicabilidade — ver nota 30

Mitteilung, die — comunicação — ver nota 30

Léxico remissivo

Mittel, das — meio (para determinado fim) — ver nota 24

Mittelbarkeit, die — caráter mediado — ver nota 30

Sachgehalt, der — teor material, teor de coisa — ver nota 3

schicklich, conveniente, atinado — ver nota 12

Schicksal, das — destino — ver nota 12

Sprache, die — língua, linguagem — ver nota 21

sprachlich — linguístico — ver nota 21

Staatsgewalt, die — autoridade ou poder do Estado — ver nota 51

Trauer, die — tristeza, luto — ver nota 31

Überleben, das — sobrevivência, sobrevida — ver nota 42

Unmittelbarkeit, die — imediatidade — ver notas 24 e 30

Urbild, das — original, arquétipo, protótipo — ver nota 41

Verwandtschaft, die — afinidade, parentesco — ver nota 45

Vorbild, das — modelo, exemplo — ver nota 41

Wahrheitsgehalt, der — teor de verdade — ver nota 3

walten — imperar, reinar, ter poder sobre — ver nota 51

Zeichen, das — signo, sinal — ver nota 33

zeichnen — desenhar — ver nota 33

Zweckmässigkeit, die — processo de adequação aos fins — ver nota 43

Sobre os textos

"Dois poemas de Friedrich Hölderlin" (*"Zwei Gedichte von Friedrich Hölderlin"*) — Segundo Gershom Scholem, o ensaio foi escrito "no primeiro inverno da guerra (1914-15)". Benjamin o considerava seu primeiro trabalho de maior fôlego e, mais tarde, em 13 de julho de 1928, na revista *Die Literarische Welt*, referiu-se a ele da seguinte maneira: "Na primavera de 1914 surgiu *Stern des Bundes* [*Estrela da união*, coletânea de poemas de Stefan George] e poucos meses depois começou a guerra [...] O meu amigo [o poeta Fritz Heinle, com quem travara amizade em 1912 e que se suicidaria, juntamente com sua companheira, no início da Primeira Guerra Mundial] morreu [...] Seguiram-se meses, de que não sei mais nada. Mas nesses meses [me] dediquei inteiramente ao meu primeiro trabalho mais amplo, um ensaio sobre dois poemas de Hölderlin que seria dedicado ao meu amigo [...]". Permaneceu inédito durante a vida do autor.

"Sobre a linguagem em geral e sobre a linguagem do homem" (*"Über Sprache überhaupt und über die Sprache des Menschen"*) — Em carta a Gershom Scholem, de 11 de novembro de 1916, Benjamin referiu-se a este ensaio nos seguintes termos: "[...] neste trabalho, busco confrontar-me com a essência da linguagem e certamente, tanto quanto posso compreender, numa relação imanente com o judaísmo, em especial com o primeiro capítulo do *Gênesis*. [...] Pelo título, 'Sobre a linguagem em geral e sobre a linguagem do homem', você pode perceber uma certa intenção sistemática, que me parece, porém, tornar evidente também o caráter fragmentário do pensamento". No ano seguinte, em carta a Ernst Schoen, de 28 de dezembro, acrescentava: "[...] para mim a dúvida sobre a essência do conhecimento, do direito e da arte é inseparável daquela sobre a origem de cada expressão espiritual humana pela essência da linguagem. [...] Você já conhece meu

Sobre os textos

trabalho de 1916 sobre 'a linguagem em geral e a linguagem do homem'. [...] Ele constitui para mim o ponto de partida para um trabalho mais amplo [...]". Permaneceu inédito durante a vida do autor.

"*O idiota* de Dostoiévski" ("Der Idiot *von Dostojevskij*") — Em seu livro *Walter Benjamin: a história de uma amizade* (1975), Scholem escreve: "Em novembro de 1917, Benjamin me enviou uma cópia de suas notas, escritas ao longo do verão, sobre *O idiota* de Dostoiévski, que me comoveram assim como a minha resposta comoveria Benjamin. Havia escrito a ele que, por trás de sua interpretação do romance e do personagem do príncipe Míchkin, eu via a figura de seu amigo morto (Fritz Heinle). No dia de meu aniversário de vinte anos, recebi dele uma breve carta, em que escrevia: 'Desde que recebi sua carta, sinto com frequência uma sensação de solene festividade. É como se eu tivesse entrado em um tempo de festa e, naquilo em que ele se manifesta, devesse venerar a revelação...'". Em julho de 1934, por ocasião da leitura de um ensaio de Leo Löwenthal sobre interpretação de Dostoiévski na Alemanha, Benjamin volta a refletir sobre o romance e planeja uma "Nova crítica de *O idiota*", de que resta apenas um esboço. O ensaio foi publicado na revista *Die Argonauten*, n° 10-12, 1921.

"Sobre a pintura *ou* Signo e mancha" ("*Über die Malerei* oder *Zeichen und Mal*") — Em carta a Scholem, de 22 de setembro de 1917, Walter Benjamin anunciava: "Essa próxima remessa conterá ainda a cópia de um trabalho meu, intitulado 'Sobre a pintura', que deveria valer como uma resposta a sua carta sobre o Cubismo, ainda que ela mal seja mencionada ali. Não é propriamente um ensaio, mas somente o esboço de um ensaio. [...] De resto, em minhas anotações conduzo o problema da pintura para a grande área da linguagem, a cuja extensão refiro-me já no trabalho sobre linguagem [...]. Você julga que a essência do Cubismo esteja em 'comunicar a essência do espaço que é o mundo mediante decomposição'. Esse definição me parece conter um erro no que se refere à relação da pintura com seu objeto sensível. [...] Sobre o sentido da relação da pintura com seu objeto não estou ainda em condição de dizer nada; mas creio que não se trate nem de imitação, nem de conhecimento da essência". Permaneceu inédito durante a vida do autor.

"Destino e caráter" ("*Schicksal und Charakter*") — Escrito durante o verão e o outono de 1919, na Suíça, este ensaio é fundamental para se compreender o conceito benjaminiano de "mito", que se opõe à "história", e tem estreita ligação

Escritos sobre mito e linguagem

com sua afirmação da "culpabilidade" da "mera vida" ou "vida natural", temas que ele desenvolve no grande ensaio "Para a crítica da violência", de 1921, e na sua análise das *Afinidades eletivas* de Goethe, de 1922. O ensaio foi publicado na revista *Die Argonauten*, nº 10-12, 1921.

"A tarefa do tradutor" (*"Die Aufgabe des Übersetzers"*) — Em 1915, Benjamin começou a traduzir para o alemão poemas de Charles Baudelaire (1821--1867). Em 1923, reuniu um conjunto significativo e publicou *Tableaux parisiens*, em edição bilíngue francês e alemão, pela editora Richard Weissbach, de Heidelberg, também responsável pela revista *Die Argonauten*, que já publicara alguns de seus textos. O ensaio "A tarefa do tradutor", no qual expande teoricamente suas concepções acerca da tradução, é precisamente o prefácio para essa coletânea, redigido, segundo carta a Scholem, no ano de 1921.

"Para a crítica da violência" (*"Zur Kritik der Gewalt"*) — Nos anos de 1919 e 1920, certamente sob o impacto da revolução alemã de novembro de 1918 (que derrubou o Império e proclamou a República) e, mais ainda, da derrota do movimento dos conselhos operários e do assassinato de Rosa Luxemburg e Karl Liebknecht em janeiro de 1919, Walter Benjamin produziu vários textos, de tamanhos diversos, sobre a questão da política e da violência. Deles, o único que se conservou foi este ensaio. Originalmente, deveria ser publicado na revista *Die Weissen Blätter*, mas, segundo Benjamin, o editor Emil Lederer considerou o texto "demasiado longo e difícil" e optou por publicá-lo no *Archiv für Sozialwissenschaft und Sozialpolitik*, no caderno de agosto de 1921, vol. 47, pelo qual também era responsável. Como Carl Schmitt (1888-1985) foi um leitor assíduo dessa revista e nela publicou vários textos, Giorgio Agamben defende a hipótese de que Schmitt deve ter lido o ensaio de Benjamin e que "a teoria schmittiana da soberania" possa ser "uma resposta à crítica benjaminiana da violência" (ver *Estado de exceção*, São Paulo, Boitempo, 2003, p. 84).

Obras consultadas

Obras de referência

Walter Benjamin, *Gesammelte Schriften*, vol. II-1, Rolf Tiedemann & Hermann Schweppenhäuser (orgs.), Frankfurt, Suhrkamp, 1977; vol. IV-1, Tillman Rexroth (org.), Frankfurt, Suhrkamp, 1972.

Benjamin-Handbuch, Burkhardt Lindner (org.), Stuttgart/Weimar, J. B. Metzler, 2006.

Deutsches Wörterbuch von Jakob und Wilhelm Grimm. Der digitale Grimm, 2 CDs, Frankfurt, Zweitausendeins Verlag, 2004.

Deutsches Wörterbuch, Hermann Paul, Tübingen, Max Niemeyer Verlag, 6ª ed., 1966.

Historisches Wörterbuch der Philosophie, J. Ritter (org.), 13 vols., Darmstadt, Wissenschaftliche Buchgesellschaft, 1971-2007.

Vocabulaire Européen des Philosophies, direção de Barbara Cassin, Paris, Seuil/Le Robert, 2004.

Outras traduções

Walter Benjamin, *O anjo da história*, organização e tradução de João Barrento, Lisboa, Assírio & Alvim, 2008.

Walter Benjamin, *Documentos de cultura, documentos de barbárie: escritos escolhidos*, organização e apresentação de Willi Bolle, vários tradutores, São Paulo, Edusp/Cultrix, 1995.

Walter Benjamin, *Metafisica della gioventú (scritti 1910-1918)*, Giorgio Agamben (org.), Turim, Einaudi, 1982.

Walter Benjamin, *Oeuvres*, tome I, tradução de Maurice de Gandillac, Rainer Rochlitz e Pierre Rusch, Paris, Gallimard, 2000.

Walter Benjamin, *Selected Writings: Vol. 1 (1913-1926)*, Marcus Bullock e Michael W. Jennings (orgs.), Cambridge, Massachusetts/Londres, Inglaterra, The Belknap Press of Harvard University Press, 1996.

Sobre o autor

Walter Benjamin nasceu em 15 de julho de 1892, na cidade de Berlim, Alemanha. Em 1912 inicia seus estudos de Filosofia, primeiramente em Freiburg e, mais tarde, em Berlim — onde, durante alguns meses, em 1914, assume a presidência da União Livre dos Estudantes — e Munique. Em 1917, Benjamin casa-se com Dora Sophie Pollack e, para evitar o serviço militar, mudam-se para a Suíça, onde conclui seu doutorado — *O conceito de crítica de arte no romantismo alemão* (1919) — na Universidade de Berna. No ano seguinte retorna à Alemanha, onde sobrevive com dificuldades. Em 1923, obtém apoio financeiro do pai para redigir sua tese de livre-docência, *Origem do drama barroco alemão* (1925), que será recusada pela Universidade de Frankfurt. Nessa época, seus principais interlocutores são Gershom Scholem e Ernst Bloch.

A partir do encontro em Capri com Asja Lacis, assistente teatral de Bertolt Brecht, em 1924, orienta suas leituras na direção do marxismo. No início dos anos 1930, concebe as bases de sua obra mais ambiciosa, que permanecerá inconclusa, *O trabalho das passagens*. Em 1933, com a perseguição aos judeus, foge da Alemanha, passando a levar uma vida precária e nômade, hospedando-se em pensões de Paris, Ibiza, San Remo ou na casa de amigos — como Brecht, com quem passará pelo menos duas temporadas em Svendborg, na Dinamarca. Sobrevive escrevendo artigos para *Frankfurter Zeitung* e *Literarische Welt* e ensaios para a revista do Institut für Sozialforschung, dirigido por Theodor W. Adorno e Max Horkheimer. Em 1940, na iminência da invasão de Paris pelas tropas alemãs, Benjamin confia vários de seus escritos a Georges Bataille, que os guarda na Biblioteca Nacional, e foge para o sul da França. Na noite de 26 para 27 de setembro, em Port-Bou, na fronteira com a Espanha, suicida-se ingerindo tabletes de morfina. Publicou:

Escritos sobre mito e linguagem

CRÍTICA

Der Begriff der Kunstkritik in der deutschen Romantik [O conceito de crítica de arte no Romantismo alemão]. Berna: Francke, 1920.

Ursprung des deutschen Trauerspiels [Origem do drama barroco alemão]. Berlim: Rowohlt, 1928.

Einbahnstrasse [Rua de mão única]. Berlim: Rowohlt, 1928.

Deutsche Menschen [Personalidades alemãs] (org.). Lucerna: Vita Nova, 1936 [sob o pseudônimo de Detlef Holz].

Gesammelte Schriften [Escritos reunidos]. Rolf Tiedemann & Hermann Schweppenhäuser (orgs.). Frankfurt: Suhrkamp, 7 vols.:

I. 1, 2, 3: *Abhandlungen* [Tratados]. Rolf Tiedemann & Hermann Schweppenhäuser (orgs.), 1974.

II. 1, 2: *Aufsätze, Essays, Vorträge* [Textos, ensaios, conferências]. Rolf Tiedemann & Hermann Schweppenhäuser (orgs.), 1977.

III: *Kritiken und Rezensionen* [Críticas e resenhas]. Hella Tiedemann-Bartels (org.), 1972.

IV. 1, 2: *Kleine Prosa, Baudelaire-Übertragungen* [Pequenos textos em prosa, traduções de Baudelaire]. Tillman Rexroth (org.), 1972.

V. 1, 2: *Das Passagen-Werk* [O trabalho das passagens]. Rolf Tiedemann (org.), 1982.

VI: *Fragmente vermischten Inhalts. Autobiographische Schriften* [Fragmentos diversos. Escritos autobiográficos]. Rolf Tiedemann & Hermann Schweppenhäuser (orgs.), 1985.

VII. 1, 2: *Nachträge* [Adendos]. Rolf Tiedemann & Hermann Schweppenhäuser (orgs.), 1989.

OBRAS PUBLICADAS NO BRASIL

"A obra de arte na época de sua reprodutibilidade técnica", *in Revista da Civilização Brasileira*, ano IV, nº 19-20. Tradução de Carlos Nelson Coutinho. Rio de Janeiro: Civilização Brasileira, 1968 [tradução do francês].

"A obra de arte na época de sua reprodutibilidade técnica", *in Teoria da cultura de massa*. Organização de Luiz Costa Lima. Rio de Janeiro: Saga, 1969.

Sobre o autor

"A obra de arte na época de suas técnicas de reprodução", *in A ideia do cinema*. Seleção, tradução e prefácio de José Lino Grünewald. Rio de Janeiro: Civilização Brasileira, 1969; 2ª edição, 1975 [tradução do francês].

"A obra de arte no tempo de suas técnicas de reprodução", *in Sociologia da arte IV*. Organização de Gilberto Velho. Rio de Janeiro: Zahar, 1969.

"Uma profecia de Walter Benjamin", *in Mallarmé*. Organização e tradução de Augusto de Campos, Décio Pignatari e Haroldo de Campos. São Paulo: Perspectiva, 1974 [tradução de Haroldo de Campos e Flávio R. Khote de alguns trechos de *Rua de mão única*: "Revisor de livros juramentados" e "Material didático"].

"Paris, capital do século XIX", *in Teoria da literatura em suas fontes*. Organização de Luiz Costa Lima. Tradução de Maria Cecília Londres. Rio de Janeiro: Francisco Alves, 1975; 2ª edição, 1983 [tradução do francês].

A modernidade e os modernos. Tradução de Heindrun Krieger Mendes da Silva, Arlete de Brito e Tania Jatobá. Rio de Janeiro: Tempo Brasileiro, 1975.

Benjamin, Adorno, Horkheimer, Habermas. São Paulo: Abril Cultural, 1975 (Coleção Os Pensadores) ["A obra de arte na época de suas técnicas de reprodução", tradução de José Lino Grünewald; "Sobre alguns temas em Baudelaire", tradução de Edson Araújo Cabral e José Benedito de Oliveira Damião (tradução do italiano); "O narrador", tradução de Modesto Carone; "O surrealismo", tradução de Erwin Theodor Rosenthal].

Origem do drama barroco alemão. Tradução, apresentação e notas de Sérgio Paulo Rouanet. São Paulo: Brasiliense, 1984. Nova edição: *Origem do drama trágico alemão*. Tradução de João Barrento. Belo Horizonte: Autêntica, 2011.

Haxixe. Apresentação de Olgária C. F. Matos. Tradução de Flávio de Menezes e Carlos Nelson Coutinho. São Paulo: Brasiliense, 1984. Nova edição: *Imagens de pensamento/Sobre o haxixe e outras drogas*. Tradução de João Barrento. Belo Horizonte: Autêntica, 2013.

Reflexões: a criança, o brinquedo e a educação. Tradução de Marcus Vinicius Mazzari. São Paulo: Summus, 1984. Nova edição: *Reflexões sobre a criança, o brinquedo e a educação*. Tradução, apresentação e notas de Marcus Vinicius Mazzari. Posfácio de Flávio Di Giorgi. São Paulo: Duas Cidades/Editora 34, 2002; 2ª edição, 2009.

Escritos sobre mito e linguagem

Obras escolhidas I — Magia e técnica, arte e política. Tradução de Sérgio Paulo Rouanet. Prefácio de Jeanne Marie Gagnebin. São Paulo: Brasiliense, 1985; 10ª edição, 1996.

Documentos de cultura, documentos de barbárie: escritos escolhidos. Organização e apresentação de Willi Bolle. Tradução de Celeste H. M. Ribeiro de Souza *et al.* São Paulo: Edusp/Cultrix, 1986.

Obras escolhidas II — Rua de mão única. Infância em Berlim por volta de 1900. Imagens do pensamento. Tradução de Rubens Rodrigues Torres Filho e José Carlos Martins Barbosa. São Paulo: Brasiliense, 1987; 5ª edição, 1995. Nova edição: *Rua de mão única. Infância berlinense: 1900.* Tradução de João Barrento. Belo Horizonte: Autêntica, 2013.

Obras escolhidas III — Charles Baudelaire: um lírico no auge do capitalismo. Tradução de José Carlos Martins Barbosa e Hemerson Alves Baptista. São Paulo: Brasiliense, 1989; 3ª edição, 1995.

Diário de Moscou. Organização de Gary Smith. Prefácio de Gershom Scholem. Tradução de Hildegard Herbold. São Paulo: Companhia das Letras, 1989.

"A tarefa do tradutor", *in Cadernos do Mestrado/Literatura,* nº 1. Tradução coletiva. Rio de Janeiro: UERJ, 1992.

O conceito de crítica de arte no romantismo alemão. Tradução, prefácio e notas de Márcio Seligmann-Silva. São Paulo: Iluminuras/Edusp, 1993; 2ª edição, 1999.

Correspondência 1933-1940, de Walter Benjamin e Gershom Scholem. Tradução de Neusa Soliz. São Paulo: Perspectiva, 1993.

"O sentido da linguagem no drama (Lutilúdio) e na tragédia", "Lutilúdio (*Trauerspiel*) e tragédia", "Destino e caráter", *in Peter Szondi e Walter Benjamin: ensaios sobre o trágico,* vol. II. Organização de Kathrin Rosenfield. Tradução de Kathrin Rosenfield e Christian Werner. *Cadernos do Mestrado/Literatura,* nº 12. Rio de Janeiro: UERJ, 1994.

Passagens. Introdução de Rolf Tiedemann. Coordenação da edição brasileira de Willi Bolle. Posfácio de Olgária C. F. Matos e Willi Bolle. Tradução de Irene Aron (alemão) e Cleonice P. B. Mourão (francês). Belo Horizonte/São Paulo: Editora UFMG/Imprensa Oficial do Estado de São Paulo, 2006.

Sobre o autor

Ensaios reunidos: escritos sobre Goethe. Tradução de Mônica Krausz Bornebusch, Irene Aron e Sidney Camargo. Supervisão e notas de Marcus Vinicius Mazzari. São Paulo: Duas Cidades/Editora 34, 2009.

A obra de arte na era de sua reprodutibilidade técnica. Tradução, apresentação e notas de Francisco De Ambrosis Pinheiro Machado. Porto Alegre: Zouk, 2012.

Escritos sobre mito e linguagem (1915-1921). Organização, apresentação e notas de Jeanne Marie Gagnebin. Tradução de Susana Kampff Lages e Ernani Chaves. São Paulo: Duas Cidades/Editora 34, 2011; 2ª edição, 2013.

O anjo da história. Organização e tradução de João Barrento. Belo Horizonte: Autêntica, 2012.

Correspondência 1928-1940 Adorno-Benjamin. Apresentação de Olgário Matos. Tradução de José Marcos Mariani de Macedo. São Paulo: Editora Unesp, 2012.

O capitalismo como religião. Organização de Michael Löwy. Tradução de Nélio Schneider. São Paulo: Boitempo, 2013.

Baudelaire e a modernidade. Tradução de João Barrento. Belo Horizonte: Autêntica, 2015.

A hora das crianças: narrativas radiofônicas. Tradução de Aldo Medeiros. Rio de Janeiro: Nau, 2015.

Estética e sociologia da arte. Tradução de João Barrento. Belo Horizonte: Autêntica, 2017.

Ensaios sobre Brecht. Tradução de Claudia Abeling. Posfácio de Rolf Tiedemann. São Paulo: Boitempo, 2017.

Linguagem, tradução, literatura. Tradução de João Barrento. Belo Horizonte: Autêntica, 2018.

SOBRE A ORGANIZADORA

Jeanne Marie Gagnebin nasceu em Lausanne, na Suíça, em 1949. Após estudar filosofia, literatura alemã e grego antigo na Universidade de Genebra, concluiu o doutorado em filosofia na Universidade de Heidelberg, na Alemanha, em 1977. Vive e leciona no Brasil desde 1978, tendo realizado estágios de pós-doutorado em Constança, Berlim e Paris. É professora titular de filosofia na PUC-SP e livre-docente em teoria literária na Unicamp. Atualmente é responsável pela organização dos volumes e coordenação da tradução dos escritos de Walter Benjamin na Editora 34. É autora de *Zur Geschichtsphilosophie Walter Benjamins* (Erlangen, Palm & Enke, 1978), *Walter Benjamin: os cacos da História* (São Paulo, Brasiliense, 1982; 2ª ed., São Paulo, n-1 edições, 2018), *Histoire et narration chez Walter Benjamin* (Paris, L'Harmattan, 1994; ed. bras., *História e narração em Walter Benjamin*, São Paulo, Perspectiva, 1994), *Sete aulas sobre linguagem, memória e história* (Rio de Janeiro, Imago, 1997; 2ª ed., 2005), *Lembrar escrever esquecer* (São Paulo, Editora 34, 2006) e *Limiar, aura e rememoração* (São Paulo, Editora 34, 2014).

SOBRE OS TRADUTORES

Susana Kampff Lages nasceu em 1959, no Rio de Janeiro. Formou-se em Letras na PUC do Rio Grande do Sul. É mestre em Literaturas da Língua Portuguesa pela Universidade Federal do Rio Grande do Sul e doutora em Comunicação e Semiótica (Literatura) pela PUC de São Paulo. É docente de língua e literatura alemã na Universidade Federal Fluminense, além de tradutora. Em 2003 recebeu o Prêmio Jabuti por seu livro *Walter Benjamin: tradução e melancolia* (São Paulo, Edusp, 2002). É autora de *João Guimarães Rosa e a saudade* (São Paulo, Ateliê, 2003). Traduziu ensaios de Walter Benjamin sobre a filosofia da linguagem (alguns deles aqui publicados) e a *Correspondência Sigmund Freud/Sándor Ferenczi* (Rio de Janeiro, Imago, 1994-95), entre outros. Em seus estudos, trata de questões que envolvem a multiplicidade das línguas, a literatura, a teoria e a filosofia da tradução.

Ernani Chaves nasceu em Soure, Ilha do Marajó, em 1957. Bacharelou-se em Administração pela Universidade Federal do Pará, em 1978, obtendo posteriormente os títulos de mestre em Filosofia pela PUC de São Paulo, em 1986, e doutor em Filosofia pela USP, em 1993. Realizou estágios de pesquisa em Berlim (1989-1991), durante o doutorado, e, mais tarde, novamente na Alemanha, em 1998 e 2003, na Universidade Técnica de Berlim e na Universidade Bauhaus, em Weimar. Professor da Faculdade de Filosofia da UFPA e coordenador do Programa de Pós-Graduação em Filosofia da mesma instituição, é autor de *No limiar do moderno: estudos sobre Friedrich Nietzsche e Walter Benjamin* (Belém, Paka-Tatu, 2003), além de vários artigos sobre Nietzsche e Benjamin publicados em revistas do Brasil e do exterior.

Imagem da capa:
"Ausgraben und Erinnern", manuscrito de Walter Benjamin, s/d.
Walter Benjamin Archiv, Akademie der Künste, Berlim.

COLEÇÃO ESPÍRITO CRÍTICO
direção de Augusto Massi

A Coleção Espírito Crítico pretende atuar em duas frentes: publicar obras que constituem nossa melhor tradição ensaística e tornar acessível ao leitor brasileiro um amplo repertório de clássicos da crítica internacional. Embora a literatura atue como vetor, a perspectiva da coleção é dialogar com a história, a sociologia, a antropologia, a filosofia e as ciências políticas.

Roberto Schwarz
Ao vencedor as batatas

João Luiz Lafetá
1930: a crítica e o Modernismo

Davi Arrigucci Jr.
O cacto e as ruínas

Roberto Schwarz
Um mestre na periferia do capitalismo

Georg Lukács
A teoria do romance

Antonio Candido
Os parceiros do Rio Bonito

Walter Benjamin
*Reflexões sobre a criança,
o brinquedo e a educação*

Vinicius Dantas
Bibliografia de Antonio Candido

Antonio Candido
Textos de intervenção

Alfredo Bosi
Céu, inferno

Gilda de Mello e Souza
O tupi e o alaúde

Theodor W. Adorno
Notas de literatura I

Willi Bolle
grandesertão.br

João Luiz Lafetá
A dimensão da noite

Gilda de Mello e Souza
A ideia e o figurado

Erich Auerbach
Ensaios de literatura ocidental

Walter Benjamin
*Ensaios reunidos:
escritos sobre Goethe*

Gilda de Mello e Souza
Exercícios de leitura

José Antonio Pasta
Trabalho de Brecht

Walter Benjamin
Escritos sobre mito e linguagem

Ismail Xavier
Sertão mar

Roberto Schwarz
Seja como for

Erich Auerbach
A novela no início do Renascimento

Paulo Eduardo Arantes
Formação e desconstrução

Este livro foi composto
em Adobe Garamond pela
Bracher & Malta,
com CTP da New Print
e impressão da Graphium
em papel Pólen Soft
80 g/m^2 da Cia. Suzano de
Papel e Celulose para a
Duas Cidades/Editora 34,
em outubro de 2021.